당신을 위해 다시 오실 예수님

Jesus is Coming for You

Copyright 1997 © by R. A. Torrey
Korean edition © 2008 by Dreambook Publishing House
with permission of Whitaker House, Inc.

All rights reserved.

이 책은 Whitaker House, Inc.사와 드림북출판사와의
독점 계약에 의해 한국에서의 출판권은 본사에서 소유하고 있습니다.
저작권법에 의해 한국 내에서 보호를 받는 저작물이므로
무단 전재와 복제를 금합니다.

당신을 위해 다시 오실 예수님

· 초판 1쇄 발행 2008년 7월 2일

· 지은이 R. A. 토레이 | 역자 박민희
· 펴낸이 민 상 기 · 편집장 이 숙 희 · 펴낸곳 도서출판 드림북
· 등록번호 제 65 호 · 등록일자 2002. 11. 25.
· 경기도 의정부시 가능1동 639-2(1층) · Tel (031)829-7722, Fax(031)829-7723

· 책번호 29   · ISBN 978-89-92143-19-6 03230
· 잘못된 책은 교환해 드립니다.
· 이 출판물은 저작권법에 의해 보호를 받는 저작물이므로 무단 복제할 수 없습니다.
· 독자의 의견을 기다립니다.
· http://www.dreambook21.co.kr

도서출판 드림북은 오직 하나님께 드리는 책
또한 세상의 모든 그리스도인들에게 꿈을 줄 수 있는 책
그러한 책세상을 꿈꾸며 만들어 가겠습니다.

R.A. 토레이

박민희 옮김
고무송 목사, 벤 토레이 추천

당신을 위해 다시 오실 예수님

드림북

| 추천사 |

저의 증조부인 R. A. Torrey가 쓰신 "당신을 위해 다실 오실 예수님" (Jesus Is Coming For You)이 드림북출판사를 통하여 한국에서 출간하게 된것을 기쁘게 생각합니다.

Torrey박사는 훌륭한 신학자이며, 그가 안고 있는 모든 성서(성경)의 문제들에 대해서 명확한 답을 찾기 위해 많은 노력을 하신 분입니다.

이 작업을 통해서, 그는 그리스도 재림에 대한 많은 질문들에 대해 명확한 성서적인 답변을 주고 있습니다.

많은 이들이 그의 명확한 논리(이치)를 배우고 있으며, 특히 어려운 주제(문제)에 직면했을 때 그에게서 성경 연구에 대한 많은 도움을 받고 있습니다.

당신께 도움이 되었으면 합니다

벤 토레이
(R. A. 토레이의 증손자)

| 추천사 |

"아멘 주 예수여 오시옵소서!"

주지하는 바 R. A. 토레이(Reuben Archer Torrey 1856-1928)는 예일대학교와 동 대학교 신학부를 졸업했고, 무디성경학교의 초대 교장을 역임했으며, 중국선교사로 헌신했습니다. 그는 '성령의 사람'이며 '불꽃 말씀의 사람'으로 알려져 있습니다. 교통이 불편하던 19세기 말과 20세기 초, 대서양 인도양 태평양의 험난한 파도를 헤치고 동서양을 넘나들며 복음을 전할 때, 그가 말씀을 전하는 곳마다 부흥의 불길이 들불처럼 번져 온누리에 편만하게 되었던 것입니다.

그는 그동안 '말씀'과 '기도', '성령' 등에 관하여 실천적이고도 구체적인 주제를 통한 저작물을 한국교회 독자들에게 소개하였는데, 이번에 도서출판 '드림북'의 의욕적인 기획으로 종래의 모습과 전혀 다른 성격의 그의 저작물이 한국교회 독자들에게 소개됨은 여러모로 의미있는 작업이라 여겨집니다. 요즘 한국교회가 프라그마티즘(Pragmatism)에 중독, 가시적(可視的) 물량주의(物量主義)의 늪에 깊이 빠져 허우적이고 있는 현실 속에서, 복음의 핵(核 core)이 실종되고 내세 보다 현세에 안주하고자 하는 신앙형태에 오염되고 있는 한국교회의 모습을 누구라서 부인할 수 있으련가. 오늘도 성장과 부흥을 구두선(口頭禪)처럼 외쳐대고 있는 한국교회를 향하여 내세지향적(來世指向的) 임박한 종말론적(終末論的) 화두(話頭)를 던지는 것은 불이익을 감내해야 될 엄청난 모험일 수 있지 않겠는가. 그럼에도 불구하고 감히 이 책을 한국교회를 향해 던지고 있는 '드림북'에 뜨거운 박수를 보내게 됩니다.

저자 R. A. 토레이는 4대에 걸쳐 한국교회에 심대한 영향력을 끼쳐오고 있는 신앙 명문가의 비조(鼻祖)로서, 그의 아들 토레이2세(1887-1980)는 장로교 목사로서 중국선교사로 사역하던 중 한국전쟁 발발과 함께 한국에 건너와 대전지역에서 장애인과 고아를 위해 사역했습니다. 그의 손자인 토레이3세(1918-2002)는 성공회 신부로서 한국의 강원도 태백산골에 '예수원'(Jesus Abbey)을 창설, 한국교회의 영적 지도자로서 발군(拔群)의 업적을 남겼거니와 그의 아들 토레이4세(Ben Torrey)는 현재 태백 삼수령(三水嶺)에서 '네번째 강'(The Fourth River) 프로젝트를 통해 남북통일을 향한 작업을 펼치고 있습니다.

사랑하는 독자 여러분, 그대는 예수원을 방문했던지요? 입구에서 우리는 자그마한 돌비 하나와 마주치게 됩니다. 거기 다음과 같은 소박한 글귀가 씌어있습니다.

대천덕 신부님을 추모하며…

하느님의 사랑을 실천하시어
세상 모든 이에게 나눔의 기쁨을
가르쳐 주신 님,
님께선 진정 참 어른이셨습니다.
영혼은 하느님 곁으로 가셨지만
우리들 가슴 속에 영원히 남아
늘 밝은 빛으로
인도해 주시리라 믿습니다.

2002. 8. 6.
하사미리3반 주민일동,

　하사미리는 예수원 아랫마을 이름입니다.
　그 동네에 살고 있는 주민들이 대천덕 신부의 덕을 기리는 송덕비(頌德碑)를 건립, 그분의 유덕을 기리고 있는 것입니다. 그들은 예수를 믿지 않는 분들입니다. 옥수수와 고냉지 채소를 재배하고, 소와 돼지 닭을 치며 살아가고 있는 소박한 산골 민초(民草)들입니다. 그러나 그들은 대천덕 신부가 얼마나 큰 어른인지 잘은 모르지만, 자기 집 돼지가 새끼를 낳을 때 찾아와 순산을 위해 기도해 주셨던 어른이며, 그 동네가 잘 살게 해 달라고 예수원에서 밤낮으로 기도하고 있다는 소문을 들으면서 살고 있는 분들입니다.

살신성인(殺身成仁) 대천덕 신부의 삶은 과연 어느 곳에 연유를 두고 있는 것이겠습니까?

대(代)를 이어 그의 아들 벤 토레이가 백두대간 삼수령에 들어와 남북통일을 향한 '네번째 강' 프로젝트를 펼치고 있는 헌신(獻身)은 과연 어느 누구로부터 연유된 것인가 말입니다.

그것은 R. A. 토레이로 부터 비롯한 4대에 걸친 신앙의 뿌리에서 그 연유를 찾을 수 있지 않겠는가. 아, 그들은 진정 다시 오실 주님을 바라보며 이 땅에서 나그네와 외국인으로 살았던, 그리고 살아가고 있는 믿음의 가문이 아니겠는가. 삼가 옷깃을 여미게 되는 것입니다.

이 사람들은 다 믿음을 따라 죽었으며 약속을 받지 못하였으되 그것들을 멀리서 보고 환영하며 또 땅에서는 외국인과 나그네임을 증언하였으니, 그들이 이같이 말하는 것은 자기들이 본향 찾는 자임을 나타냄이라. (히11:13-14)

위대한 신앙의 선각자 R. A. 토레이가 쓴 '당신을 위해 다시 오실 예수님' (Jesus is coming for you)은 출세주의와 기복신앙에 찌들어 있는 한국교회에 신선한 충격을 던져줄 것으로 기대합니다. 제6장 주님은 언제 오시는 가? 그리고 마지막 제7장 준비가 되어 있는가? 에서 저자는 우리에게 심각한 도전장(挑戰狀)을 던져주고 있습니다.

　- 날이 어두워질수록, 새벽은 그만큼 더 가깝다. 사태가 견딜 수 없을 것처럼 보이는 바로 그때에, 지구 역사상 가장 밝고 가장 기쁜 날이 밝아올 것이다.
　- 그렇다. 그분은 오실 것이다. 어쩌면 올 해, 어쩌면 이 달, 어쩌면 내일, 어쩌면 오늘 오실지 모른다! 당신은 준비가 되어 있는가?

　사랑하는 독자들이여,
　이 책은 여러분들의 잠자는 영혼을 깨울 것이며, 눈을 들어 하늘을 바라보게 할 것이며, 저 높은 곳을 향하여 날마다 나아가게 할 것입니다. 그리고 우리 모두에게 이러한 신앙고백을 일깨워 줄 것입니다.

　"아멘 주 예수여 오시옵소서!"

고 무 송 목사
(한국교회인물연구소 소장)

| 차례 |

첫번째 이야기
매우 중요한 진리 / 13

두번째 이야기
성경의 증거 / 21

세번째 이야기
그것은 어떻게 일어날까? / 35

네번째 이야기
기쁨과 슬픔의 날 / 55

다섯번째 이야기
평화와 형벌 / 83

여섯번째 이야기
주님은 언제 오시는가? / 105

일곱번째 이야기
준비가 되어 있는가? / 127

첫번째 이야기

매우 중요한 진리

◩ 첫번째 이야기 ◩
매우 중요한 진리

> 그들이 우리에 대하여 스스로 말하기를 우리가 어떻게 너희 가운데에
> 들어갔는지와 너희가 어떻게 우상을 버리고 하나님께로 돌아와서
> 살아 계시고 참되신 하나님을 섬기는지와 또 죽은 자들 가운데서
> 다시 살리신 그의 아들이 하늘로부터 강림하실 것을 너희가 어떻게
> 기다리는지를 말하니 이는 장래의 노하심에서 우리를 건지시는
> 예수시니라.(살전 1:9-10)

주님의 재림에 관한 진리는 모든 이단과 잘못 그리고 거짓에서 우리를 지켜주는 예방책이다. 하나의 잘못이 계속해서 꼬리를 물고 생겨나 "할 수만 있으면 택하신 자들을"(막 13:22) 미혹하고 있다. 그러나 하나님의 말씀에 분명하게 계시되어 있는 그리스도의 재림의 진리는 그러한 모든 것들이 잘못되었음을 입증한다. 모든 형태의 잘못이 그리스도의 재림 교리를 부정하는 것은 주목할 만하다. 성경에 계시된 진리는 이 모든 잘못을 뒤

엎는다.

우리 주님의 재림의 진리는 성경이 포함하는 가장 귀중한 진리이다. 그것은 신자의 마음을 기쁨으로 채우며, 그에게 (영적) 싸움을 위한 힘을 제공한다. 그것은 그를 이 세상의 슬픔, 두려움, 필요, 고통, 야심 그리고 탐욕을 넘어서게 높여 만물의 정복자 그 이상이 되게 한다.

그리스도의 재림은 분명히 중요하다. 그것은 신약에서 그 전체 장수보다 더 많이, 즉 신약 260장에서 318번 언급되기 때문이다. 이 교리를 평생 자신의 연구 과제로 삼았던 어떤 사람에 따르면, 그것은 마태복음부터 요한계시록까지 25절에 한 번씩 나온다. 그것은 구약에서도 중요한 위치를 차지하는데, 구약에서 그리스도에 관한 예언의 대부분은 단연 속죄의 구주로서 죽기 위해 오시는 그분의 초림(first coming)과 관계가 있는 것이 아니라, 왕으로서 통치하기 위해 오시는 그분의 재림과 관계가 있기 때문이다.

상한 마음을 위한 도움

예수 그리스도의 재림은 하나님이 우리에게 슬퍼하는 성도들을 그것으로 위로하라고 명하시는 한 가지 교리이다. 사도 바울은 죽음이 데살로니가에 있는 신자들을 약하게 하기 시작하고 또 그들이 죽은 자들과의 이별로 인해 마음의 아픔을 겪을 때 다음과 같이 썼다.

> 형제들아 자는 자들에 관하여는 너희가 알지 못함을 우리가 원하지 아니하노니 이는 소망 없는 다른 이와 같이 슬퍼하지 않게 하려 함이라 우리가 예수께서 죽으셨다가 다시 살아나심을 믿을진대 이와 같이 예수 안에서 자는 자들도 하나님이 그와 함께 데리고 오시리라 우리가 주의 말씀으로 너희에게 이것을 말하노니 주께서 강림하실 때까지 우리 살아 남아 있는 자도 자는 자보다 결코 앞서지 못하리라 주께서 호령과 천사장의 소리와 하나님의 나팔 소리로 친히 하늘로부터 강림하시리니 그리스도 안에서 죽은 자들이 먼저 일어나고 그 후에 우리 살아 남은 자들도 그들과 함께 구름 속으로 끌어 올려 공중에서 주를 영접하게 하시리니 그리하여 우리가 항상 주와 함께 있으리라 그러므로 이러한 말로 서로 위로하라. (살전 4:13-18)

"이러한 말"은 오로지 그리스도의 재림과 관계가 있으므로, 하나님이 사랑하는 이들을 잃고 슬퍼하는 사람들을 그것으로 위로하라고 명하시는 그 한 가지 교리는 그리스도의 재림이라는 것이 분명하다. 신자들이 깊은 슬픔을 겪도록 요구받을 때 그들에게 그와 같은 위로를 주는 다른 진리는 없다. 많은 경우, 나는 일시적으로 사랑하는 이들을 잃은 사람들에게 편지를 쓸 때 하나님의 명령에 순종했고, 우리 주님의 재림의 진리를 사용하여 그들을 위로했다. 그후 많은 사람들이 내게 그 밖의 어떤 것도 자신들을 위로하지 못할 때 이 진리가 무척이나 큰 위로가 되었다고 말했다.

구약에서 우리는 하나님이 자신의 종 이사야를 통해 이스라엘 백성이 불행과 슬픔을 겪고 있을 때 주님의 오심의 사상(thought)으로 그들을 위로하시는 것을 보게 된다.

> 너희의 하나님이 이르시되 너희는 위로하라 내 백성을 위로하라…아름다운 소식을 시온에 전하는 자여 너는 높은 산에 오르라 아름다운 소식을 예루살렘에 전하는 자여 너는 힘써 소리를 높이라 두려워하지 말고 소리를 높여 유다의 성읍들에 이르기를 너희의 하나님을 보라 하라 보라 주 여호와께서 장차 강한 자로 임하실 것이요 친히 그의 팔로 다스리실 것이라 보라 상급이 그에게 있고 보응이 그의 앞에 있으며.(사 40:1, 9-10)

가장 밝은 희망

신약은 여러 번 되풀이해서 우리 주 예수 그리스도의 재림과, 그리고 그분의 오심과 관계가 있는 사건들을 모든 참된 신자의 간절한 바람뿐만 아니라 "복스러운 소망"(딛 2:13)으로 제시한다. 바울은 디도서 2장 13절에서 "복스러운 소망과 우리의 크신 하나님 구주 예수 그리스도의 영광이 나타나심을 기다리게 하셨으니"라고 말한다. 그리고 베드로는 이렇게 말했다.

> 이 모든 것이 이렇게 풀어지리니 너희가 어떠한 사람이 되어야

> 마땅하냐 거룩한 행실과 경건함으로 하나님의 날이 임하기를 바라보고 간절히 사모하라 그 날에 하늘이 불에 타서 풀어지고 물질이 뜨거운 불에 녹아지려니와.(벧후 3:11-12)

참된 신자에게 예수 그리스도의 재림은 두렵게 하는 것이 아니라, 미래가 우리를 위해 확보해 두고 있는 가장 밝은 희망이다. 그것은 당연히 우리의 간절한 바람과 갈망하는 기대의 대상이 되어야 한다. 성경에서 마지막 기도 역시 당연히 모든 현명한 그리스도인의 마음의 외침, 즉 "아멘 주 예수여 오시옵소서"(계 22:20)가 되어야 한다.

비웃음의 대상

그러나 우리 주님의 재림이 참된 신자의 복스러운 소망과 간절한 바람인 반면, 그것은 자신들의 나쁜 세상적 욕망을 따르는 비웃는 자들의 증오와 조롱의 특별한 대상이다. 베드로의 예언은 실현되었다.

> 먼저 이것을 알지니 말세에 조롱하는 자들이 와서 자기의 정욕을 따라 행하며 조롱하여 이르되 주께서 강림하신다는 약속이 어디 있느냐 조상들이 잔 후로부터 만물이 처음 창조될 때와 같이 그냥 있다 하니.(벧후 3:3-4)

속된 교회와 속된 그리스도인들은 이 진리를 중오하는 일에 비웃는 자들과 한 패가 된다. 다른 남자와 바람이 난 어떤 아내가 부재중인 자신의 남편이 돌아오기를 애타게 기다리지 않듯이, 세상과 바람이 난 그리스도의 부정한 신부는 자신의 주님의 재림을 애타게 기다리지 않는다. 그러나 자신의 애정이 모두 예수 그리스도께 가 있는 그리스도인에게, 하나님의 말씀은 그분이 곧 다시 오실 것이라는 약속만큼 귀중한 다른 약속을 포함하지 않는다. 한 사람이 예수 그리스도의 재림에 대해 갖는 태도는 그의 영적 상태를 나타내주는 좋은 표시이다.

의롭게 살아야 하는 최고의 이유

우리 주 예수님이 다시 오실 거라는 사실은 경성, 충성, 지혜, 행동, 단순성, 자제, 기도 그리고 그리스도 안에 거함을 위한 중요한 성경의 주장이다. 우리 주님은 지상에서의 삶의 마지막 주간을 보내시는 중에 제자들에게 이렇게 말씀하셨다. "이러므로 너희도 준비하고 있으라 생각하지 않은 때에 인자가 오리라"(마 24:44). 오늘날 우리는 죽음이 어느 순간에 닥칠지 모르기 때문에 사람들에게 그것을 준비하도록 끊임없이 촉구하고 있다. 그러나 그것은 우리 주 예수님이 사용하신 논거가 아니다. 자신의 제자들이 마땅히 살아야 할 삶의 동기로서 예수님이 제시하신 것은 죽음의 도래가 아닌, 예수님 자신의 도래였다.

여전히 자신의 도래에 대해 말씀하시고 계신 예수님은 이렇게 말씀하셨다.

> 충성되고 지혜 있는 종이 되어 주인에게 그 집 사람들을 맡아 때를 따라 양식을 나눠 줄 자가 누구냐 주인이 올 때에 그 종이 이렇게 하는 것을 보면 그 종이 복이 있으리로다.(마 24:45-46)

다른 한편으로, 우리 주님은 특히 우리 시대의 공통적인 죄들인 과식, 과음, 이 세상일로 지나치게 염려하는 것에 대해 다음과 같이 제자들에게 주의를 주셨다.

> 너희는 스스로 조심하라 그렇지 않으면 방탕함과 술취함과 생활의 염려로 마음이 둔하여지고 뜻밖에 그 날이 덫과 같이 너희에게 임하리라 이 날은 온 지구상에 거하는 모든 사람에게 임하리라 이러므로 너희는 장차 올 이 모든 일을 능히 피하고 인자 앞에 서도록 항상 기도하며 깨어 있으라.(눅 21:34-36)

우리 주님이 제자들에게 경고의 예들로 들었던 것들은 과식하고 과음하는 신체 작용(physical effects)이 아니다. 오히려 이런 것들은 그들로 하여금 예수님이 재림하실 때 예수님을 맞이하는 것을 부적당하게 할 것이라는 사실이다.

사도 요한은 자신이 빛으로 인도했던 사람들에게 이렇게 썼다. "자녀들아 이제 그의 안에 거하라 이는 주께서 나타내신 바 되면 그가 강림하실 때에 우리로 담대함을 얻어 그 앞에서 부끄럽지 않게 하려 함이라"(요일 2:28). 우리가 예수 그리스도 안에 거해야 하는 이유가 많이 있지만, 요한이 생각했던 중요한 이유는 예수님의 재림이었다. 만일 우리가 확신을 가져야 하고 또 그분이 오실 때 그분 앞에서 부끄럼을 당하지 않으려면, 우리는 그분 안에 거해야 한다.

주님의 재림을 기다리기

우리 주 예수님은 우리에게 자신의 재림은 우리가 항상 기다리고 있어야 하는 단 한 가지 사건이라고 말했다. 그분은 다음과 같이 말씀하셨다.

> 허리에 띠를 띠고 등불을 켜고 서 있으라 너희는 마치 그 주인이 혼인 집에서 돌아와 문을 두드리면 곧 열어 주려고 기다리는 사람과 같이 되라.(눅 12:35-36)

그 다음 구절에서 주님은 자신이 오실 때 깨어 있는 사람들에게 주실 한 가지 특별한 축복을 선언하신다.

> 주인이 와서 깨어 있는 것을 보면 그 종들은 복이 있으리로다

> 내가 진실로 너희에게 이르노니 주인이 띠를 띠고 그 종들을 자리에 앉히고 나아와 수종들리라.(눅 12:37)

성령은 히브리서 9장 28절에서 우리에게 이렇게 말씀하셨다. 예수는 "구원에 이르게 하기 위하여 죄와 상관없이 자기를 바라는 자들에게 두 번째 나타나시리라." 우리는 이 말씀을 좀더 깊이 있고 진지하게 생각하면서, 우리는 진정 그분을 찾고 기다리고 기대하고 있는지 우리 자신에게 물어야 한다.

이 중요한 진리와의 개인적인 만남

이 장에서 말해 온 것에 근거하여 볼 때, 우리 주님의 재림의 진리는 가장 중요한 진리라는 것이 분명하다. 불행하게도, 많은 사람들은 그리스도의 재림 교리가 비실제적이라고 생각한다. 나 자신도 한때는 그렇게 생각했다. 내가 처음 사역을 시작할 때, 내가 섬기던 교인들 중 한 사람이 내게 와서는 그리스도의 재림에 관해 말해줄 수 있는지 물었다. 나는 그 교리에 관해 아무 것도 알지 못했고, 그래서 "이 교인이 지금보다 훨씬 더 나이 든 후에야 나는 그와 같은 비실제적인 교리에 관해 말해 줄 것이다" 라고 속으로 생각하면서 그를 따돌렸다. 그러나 나는 어느 날 그것이 성경 전체에서 가장 귀중한 교리들 중 하나일 뿐만 아니라, 가장 실제적인 교리들 중 하나라는 사실을 깨닫게 되었다.

나의 기독교 경험에는 두드러진 네 가지의 잊을 수 없는 날이 있다. 첫 번째는 내가 주 예수님을 나의 개인적인 구주와 나의 주님으로 알게 되었을 때였다. 두 번째는 내가 성경이 정말로 오류가 없는 하나님의 말씀이라는 것과 그 진술들이 모든 면에서 절대적으로 신뢰할 수 있는 거라는 것, 그리고 모든 사람이 지금까지 알 필요가 있는 모든 것이 이 한 권의 성경에 포함되어 있다는 것을 깨닫게 되었을 때였다. 세 번째는 내가 성령 세례는 현재를 위한 거라는 것을 알고 나 자신을 위해 그것을 요청했을 때였다. 그리고 네 번째는 내가 그리스도의 재림의 진리를 깨닫게 되었을 때였다. 이 진리는 나의 인생관 전체를 바꾸어놓았다. 그것은 세상과 그것의 야망들이 나에 대해서 갖고 있던 지배력을 깨뜨렸으며, 가장 낙담하게 하는 상황에서 조차도 가장 밝은 낙천성(optimism)으로 내 삶을 채웠다.

두번째 이야기

성경의 증거

▣ 두번째 이야기 ▣
성경의 증거

> 이것들을 증언하신 이가 이르시되
> 내가 진실로 속히 오리라 하시거늘
> 아멘 주 예수여 오시옵소서.(계 22:20)

우리 주 예수님은 틀림없이 다시 오실 것이다. 우리는 그것을 어떻게 아는가? 하나님은 자신의 말씀에서 여러 번 반복적으로 가장 분명하고도 명백한 말투로 그렇게 말씀하셨기 때문이다.

증거를 제공하는 구절들

예를 들면, 우리 주 예수님은 십자가에 달리시기 전날 밤에 예수님이 자신들을 막 떠나려 하신다는 생각에 잠겨 있던 제자들을 위로하기 위해 다음과 같이 말씀하셨다. "가서 너희를 위하여 거처를 예비하면 내가 다시 와서 너희를 내게로 영접하여 나 있는 곳에 너희도 있게 하리라"(요 14:3). 사도 바울은 주님의 이 약속을 따라 다음과 같이 썼다.

> 주께서 호령과 천사장의 소리와 하나님의 나팔 소리로 친히 하늘로부터 강림하시리니 그리스도 안에서 죽은 자들이 먼저 일어나고 그 후에 우리 살아 남은 자들도 그들과 함께 구름 속으로 끌어 올려 공중에서 주를 영접하게 하시리니 그리하여 우리가 항상 주와 함께 있으리라.(살전 4:16-17)

사도 바울은 이 말씀을 쓸 때 그리스도의 말씀을 마음에 새겨 두고 있었음이 틀림없다. 왜냐하면 바울이 말한 네 가지 사항과 그리스도가 말씀하신 네 가지 사항이 정확히 일치하기 때문이다. 첫째, 예수님은 "내가 다시 오리라"라고 말씀하셨고, 바울은 "주께서 하늘로부터 강림하시리라"라고 말했다. 둘째, 예수님은 "내가 너희를 내게로 영접하리라"라고 말씀하셨고, 바울은 "우리는 끌어 올려 주를 영접하게 되리라"라고 말했다. 셋째, 예수님은 "나 있는 곳에 너희도 있게 하리라"라고 말씀하셨고, 바울은 "우리가 항상 주와 함께 있으리라"라고 말했다. 넷째, 예수님은 자신의 말씀을 다음과 같은 말씀으로 시작하셨다. "너희는 마음에 근심하지 말라"(요 14:1). 바울은 그리스도의 재림에 관한 자신의 말을 다음과 같은 말로 마무리했다. "그러므로 이러한 말로 서로 위로하라"(살전 4:18). 따라서 바울의 말은 예수님의 약속에 대해 영감을 받아 쓴 주석(inspired commentary)이라는 것을 우리는 분명하게 알게 된다.

예수님이 다시 오실 거라는 것을 하나님이 자신의 말씀에서 분명하게 말씀하신다는 것을 더 한층 입증하기 위해 나는 바울의 후기 서신들 중 하나에서 말씀을 인용하고자 한다.

> 그러나 우리의 시민권은 하늘에 있는지라 거기로부터 구원하는 자 곧 주 예수 그리스도를 기다리노니 그는 만물을 자기에게 복종하게 하실 수 있는 자의 역사로 우리의 낮은 몸을 자기 영광의 몸의 형체와 같이 변하게 하시리라.(빌 3:20-21)

우리는 또한 히브리서 9장 28절에서 다음과 같은 말씀을 읽게 된다. "이와 같이 그리스도도 많은 사람의 죄를 담당하시려고 단번에 드리신 바 되셨고 구원에 이르게 하기 위하여 죄와 상관없이 자기를 바라는 자들에게 두 번째 나타나시리라."

사도 바울은 유대인들에게 회개를 촉구할 때 다음과 같이 말했다.

> 그러므로 너희가 회개하고 돌이켜 너희 죄 없이 함을 받으라 이같이 하면 새롭게 되는 날이 주 앞으로부터 이를 것이요 또 주께서 너희를 위하여 예정하신 그리스도 곧 예수를 보내시리니 하나님이 영원 전부터 거룩한 선지자들의 입을 통하여 말씀하신 바 만물을 회복하실 때까지는 하늘이 마땅히 그를 받아 두리라.(행 3:19-21)

다른 많은 구절들 뿐만 아니라, 지금까지 인용된 모든 구절들은 가장 확실하고도 분명하게 우리 주 예수님은 다시 오실 것이라고 단언한다.

잘못된 해석들

사람들 중에는 이런 성구들 중 최소 몇 구절을 신자의 죽음에 관한 것으로 해석하곤 하는 이들이 있지만, 그러나 그 구절들은 이 해석에 동의하지 않을 것이다. 신자가 죽을 때 우리 주 예수님은 가까이 계시지만 "호령"이나 "천사장의 소리"나 "하나님의 나팔 소리"(살전 4:16)로 오시지는 않는다. 물론 신자가 죽을 때 살아남아 있는 사람들이 들어 올려져 "공중에서 주를 영접"(17절) 하지도 않는다.

예수님 자신이 신자와 자신의 재림 사이의 명백한 차이를 분명히 하셨다. 예수님은 요한의 장래에 대해 베드로에게 말씀하실 때 다음과 같이 말씀하셨다. "내가 올 때까지 그를 머물게 하고자 할지라도 네게 무슨 상관이냐 너는 나를 따르라"(요 21:22). 문맥상으로 볼 때, "내가 그를 머물게 하고자 할지라도"는 "내가 그를 살아 있게 할지라도"를 의미하는 것이 분명하다. 그래서 만일 우리가 그리스도의 오심은 신자가 죽을 때 발생한다고 말하면, 결과적으로 우리는 다음과 같은 무의미한 말을 하는 것이 된다. "내가 그를 죽을 때까지 살아 있게 할지라도, 그것이 너와 무슨 상관이냐?" 물론, 이것은 우리 주님이 말씀하시고자 했던 것이 아니다. 문맥상 그 말이 분명하게 가리키는 바, 예수님이 말씀하시고자 했던 것은 "내가 나 자신의 개인적인 재림 때까지 그를 살아 있게 할지라도, 그것이 너와 무슨 상관이냐?" 이다.

사람들 중에는 인용된 구절들에서 묘사되는 재림은 단지 성령이 오실 때 그리스도가 오는 오심이라고 말하는 이들이 있다. 매우 실제적이고 중요한 의미에서, 성령의 오심은 확실히 그리스도의 오심이다. 우리는 이것을 예수님이 말씀하신 요한복음의 한 곳에서 보게 된다.

> 너희가 나를 사랑하면 나의 계명을 지키리라 내가 아버지께 구하겠으니 그가 또 다른 보혜사를 너희에게 주사 영원토록 너희와 함께 있게 하리니 그는 진리의 영이라 세상은 능히 그를 받지 못하나니 이는 그를 보지도 못하고 알지도 못함이라 그러나 너희는 그를 아나니 그는 너희와 함께 거하심이요 또 너희 속에 계시겠음이라 내가 너희를 고아와 같이 버려 두지 아니하고 너희에게로 오리라…나의 계명을 지키는 자라야 나를 사랑하는 자니 나를 사랑하는 자는 내 아버지께 사랑을 받을 것이요 나도 그를 사랑하여 그에게 나를 나타내리라 가룟인 아닌 유다가 이르되 주여 어찌하여 자기를 우리에게는 나타내시고 세상에게는 아니하려 하시나이까 예수께서 대답하여 이르시되 사람이 나를 사랑하면 내 말을 지키리니 내 아버지께서 그를 사랑하실 것이요 우리가 그에게 가서 거처를 그와 함께 하리라.(요 14:15-18, 21-23)

이 말씀으로 볼 때, 성령의 오심은 예수 그리스도의 오심이라는 것이 분명하다. 왜냐하면 우리에게 그리스도를 계시하고 또 우리 안에 그리스도를 형성시키는 것은 성령의 사역이기 때문이다. 그러나 예수님의 이 오심은 이 장의 첫 번째 부분에서 고찰한 성경구절들에서 언급된 것이 아니다. 한 가지(요 14:3)를 제외한 그 모든 약속들은 성령이 오신 후에 하셨고 미래의 사건에 맞춰져 있다는 사실로 미루어 볼 때, 이것은 분명하다.

게다가 성령이 오실 때 예수님은 자신과 함께 있도록 우리를 자신에게로 끌어올려 영접하지도 않으신다. 오히려 그분은 우리와 함께 있기 위해 오신다(요 14:18, 21, 23). 그러나 요한복음 14장 3절과 데살로니가전서 4장 16-17절에서 언급된 대로, 예수님은 다시 오실 때 자신과 함께 있도록 우리를 데려 가신다.

더욱이 성령이 오실 때 그리스도는 "우리의 낮은 몸을 자기 영광의 몸의 형체와 같이 변하게 하시"(빌 3:21)지도 않는다. 그리고 성령이 오실 때 하나님의 나팔 소리도, 호령도, 부활도, 구름 속의 환희(rapture in the clouds)도 없다. 다시 말하면, 성령이 오실 때의 그리스도의 오심은 그리스도의 재림에 관한 그리스도와 사도들의 명백하고도 분명한 진술과 전혀 일치하지 않는다.

많은 성경학자들-그들의 견해는 고려할 만한 가치가 충분히 있는데-은 앞에서 인용된 구절들에서 언급된 재림이 예루살렘이 파괴될 때 있었다고 해석한다. 이 해석에는 한 가지 진실성의 요소가 있다. 중요한 의미에서, 예루살렘의 파괴는 전조와 예언 그리고 이 시대 말의 심판의 한 유형이었다. 그러므로 마태복음 24장과 마가복음 13장의 두 사건들은 서로 관련되어 묘사된다. 그러나 1세기의 예루살렘에 대한 하나님의 심판은 분명히 이 장의 서두에 나온 구절들에서 언급된 사건이 아니다. 예루살렘이 파괴될 때 예수님 안에서 죽었던 사람들은 들림을 받지 못했다. 살아 있던 신자들은 끌어 올려 공중에서 주님을 만나지 못했다. 신자들의 몸도 변화되지 않았다. 게다가 예루살렘이 파괴되고 몇 년이 지난 후에도, 요한이 여전히 주님의 오심을 미래에 일어날 사건으로 여전히 고대하고 있음을 우리는 보게 된다(계 22:20). 심지어는 우리가 이미 앞장에서 언급했던 다음의 말씀조차도 예루살렘이 파괴되고 몇 년이 지난 다음에 쓰여졌다.

> 예수께서 가라사대 내가 올 때까지 그를 머물게 하고자 할지라도 네게 무슨 상관이냐 너는 나를 따르라 하시더라 이 말씀이 형제들에게 나가서 그 제자는 죽지 아니하겠다 하였으나 예수의 말씀은 그가 죽지 않겠다 하신 것이 아니라 내가 올 때까지 그를 머물게 하고자 할지라도 네게 무슨 상관이냐 하신 것이러라.(요 21:22-23)

위에서 언급된 이 사건들 중 어느 것도, 그것들 전부를 한데 모아도, 지금까지 일어난 어떤 다른 사건도 우리 주 예수님의 재림에 관해 주님 자신과 그분의 사도들이 말한 매우 명백하고 분명하고 확실한 예언들과 약속들을 성취하지 못한다. 신약에서 교회의 큰 희망으로 아주 빈번하게 언급된 예수 그리스도의 재림은 여전히 미래에 있을 사건이다.

세번째 이야기

그것은 어떻게 일어날까?

□ 세번째 이야기 □
그것은 어떻게 일어날까?

> 올라가실 때에 제자들이 자세히
> 하늘을 쳐다보고 있는데 흰 옷 입은 두 사람이
> 그들 곁에 서서 이르되 갈릴리 사람들아
> 어찌하여 서서 하늘을 쳐다보느냐 너희 가운데서
> 하늘로 올려지신 이 예수는 하늘로 가심을
> 본 그대로 오시리라 하였느니라.
> (행 1:10-11)

대개 성경을 진정으로 믿는 사람이라면 누구나 우리 주 예수님은 다시 오실 거라는 것을 믿는다. 그러나 그분이 어떻게 다시 오실 지에 대해서는 의견이 무척 분분하다. 그렇지만 만일 우리가 우리 자신의 생각을 성경 속에 집어넣어 읽으려고 하지 않고 성경이 가르치는 것을 알기 위해 성경에 의존한다면, 예수님의 오심의 방식에 관한 아주 분명한 것들이 많이 있다.

예수님이 친히

무엇보다도, 예수님의 오심은 그분이 친히 오시는 것이 매우 분명하다. 즉 그분의 오심은 단순히 큰 부흥이나 도덕적 개혁 또는 사회적 향상이 아니다. 그것은 몇 가지 새로운 진리를 드러내 보이는 것도 아니다. 오히려 그것은 우리 주 예수님 자신의 오심이다. 예수님은 십자가를 지시던 밤에 제자들에게 다음과 같이 약속하셨다. "내가 다시 오리라"(요 14:3). 따라서 예수님은 친히 오신다는 것을 의미했음을 그 문맥은 분명하게 보여 준다. 우리가 앞장에서 보았듯이, 사도 바울은 이렇게 썼다. "주께서…친히 하늘로부터 강림하시리니"(살전 4:16).

주님이 승천하시는 것을 제자들이 보고 있을 때 그들 옆에 서 있던 두 사람은 이렇게 말했다.

> 갈릴리 사람들아 어찌하여 서서 하늘을 쳐다보느냐 너희 가운데서 하늘로 올려지신 이 예수는 하늘로 가심을 본 그대로 오시리라.(행 1:11)

이 말씀의 의미는 분명하다. 예수님이 친히, 즉 떠나가셨던 그 동일하신 예수님이 다시 오신다는 것이다.

언젠가 어떤 복음 사역자가 이렇게 썼다. "우리는 우리 주님의 직접적인 재림을 기대하지 말고, 저물어 가고 있는 이 19세기의 모든 경이들과 영광들 중에 점점 더 오고 있는 분으로서의 그분께 만족해야 한다." 이 글을 쓴 사람은 겉보기에는 좋고 경건한 사람, 주 예수 그리스도를 위해 크게 헌신하는 사람처럼 보인다. 그러나 나는 주님을 사랑하는 사람이 어떻게 그런 말을 쓸 수 있었는지 도무지 이해할 수가 없다. 저물어 가고 있는 19세기의 경이들과 영광들은 그것들의 입장에서 충분히 유익했고, 우리는 그것들에 대해 하나님께 감사한다. 그러나 만일 한 사람이 정말로 주님을 사랑한다면, 그가 갈망하는 것은 경이들과 영광들이 아니라 예수님 자신이다. 우리는 예수님이 하신 일들을 기뻐하지만, 우리가 갈망하는 분은 그분이다. 우리가 얻어야 하는 분은 그분이며, 우리가 장차 얻게 될 분도 그분이다.

어떤 신랑이 자신의 신부에게 적절한 때가 되면 자신이 친히 돌아와서 새 집으로 데려가겠노라고 말하고는 그녀를 위해 새 집을 마련하고자 그녀를 떠나 먼 나라로 갔다고 가정하자. 때때로 그는 자신의 사랑에 변함이 없음을 알리는 신호와 표시로서 아내에게 약간의 선물을 보냈다. 어느 날, 한 친구가 그 신부를 방문하여 그녀가 신랑이 친히 자신에게 돌아올 날을 눈이 빠지도록 고대하는 것을 알게 되었다. 그 친구는 그녀가 자신의 남편이 돌아오기를 갈망하는 것에 대하여 말하는 것을 듣고는 그녀에게 다음과 같이 말한다. "당신은 남편이 친히 돌아오기를 기대하지 말아야 해요. 그가 당신에게 다시 오겠다고 말했을 때, 그는 자신이 친히 돌아오리라고 말한 것이 아니에요. 그는 당신에게 사랑의 표시로 많은 선물을 보내지 않았나요?" "예, 보냈는데요"라고 그녀는 대답한다. 그는 계속해서 다음과 같이 말한다. "음, 당신이 기다려야 하는 것은 그가 아니에요. 당신은 때때로 남편이 보내오고 있는 선물들 속에서 그가 점점 더 당신에게 오는 것에 만족하는 법을 배워야 해요." 그 신부는 어떻게 대답할까? 그녀는 아마도 이렇게 대답할 것이다. "저는 그의 선물을 바라는 것이 아니라 그를 갈망하고 있어요."

마찬가지로, 참된 그리스도인이 갈망하는 것은 예수님 자신이다. 우리는 성령의 능력을 통해 계속해서 우리에게 오고 있는 더 풍성한 은총의 경험들 속에서 그분이 점점 더 오시는 것에 만족할 수 없다. 우리는 그분을 갈망한다. 우리는 그분을 얻어야 하고 또한 얻게 될 것이다. 하늘로 올리우신 그 예수님은 떠나가신 그대로 다시 오실 것이다.

몸으로 그리고 눈에 보이게

지금까지 인용된 구절들은 우리 주님의 재림에 관한 두 번째 사항을 분명히 한다. 즉 그분은 몸으로 그리고 눈에 보이게 임하실 것이다. 그분은 "하늘로 가심을 본 그대로 오시리라"(행 1:11). 모든 바른 해석에 따르면, 이것은 눈에 보이게 그리고 몸으로 오심에 대해 불충분한 것이 아무 것도 없음을 의미할 수 있다. 그것은 그 이상의 것을 의미할지도 모른다. 그러나 그보다 못한 것을 의미할 수는 없다.

어떤 이들은 "그대로 오시리라"라는 표현은 그분의 오심의 확실성을 가리킬 뿐이며, 그분의 오심의 방식과는 아무런 관계가 없다고 말했다. 그러나 그 구절의 헬라어 원문은 이 의미를 허용하지 않는다. 헬라어 원문에 대한 직역은 "따라서…그 방식대로 오실 것이다"이다. 이 표현 형태는 결코 어떤 곳에서도 단순한 확실성을 나타내기 위해서 사용되지 않고, 언제나 방식(manner)을 나타내기 위해 사용된다. 예수님은 그분이 가시는 것을 제자들이 본 바로 그 방식대로 다시 오실 것이다. 그분은 몸으로 그리고 눈에 보이게 그들의 시야에서 떠나가셨다. 그들은 "그가 올라가실 때에…자세히 하늘을 쳐다" 보았고(행 1:10), 우리는 그분이 다시 오실 때 그분을 볼 것이다.

더구나 히브리서 9장 28절에서 우리는 다음과 같은 말씀을 읽는다. "이와 같이 그리스도도 많은 사람의 죄를 담당하시려고 단번에 드리신 바 되셨고 구원에 이르게 하기 위하여 죄와 상관없이 자기를 바라는 자들에게 두 번째 나타나시리라." "나타나시리라"로 번역된 헬라어 단어는 문자 그대로 "보여질 것이다"를 의미한다. 그 말은 눈으로 보게 된다는 것 외의 다른 의미를 지니지 않는다.

아마도 이 진리는 요한계시록 1장 7절에서 훨씬 더 분명하다. "볼지어다 그가 구름을 타고 오시리라 각 사람의 눈이 그를 보겠고." 전에 그리스도의 재림에 관한 설교를 마쳤을 때, 한 회의 론자(skeptic)가 내게 다가와서는 이렇게 물었다. "예수가 다시 올 때, 실제로 그를 눈으로 보게 될 거라고 생각하지 않으시죠?" 나는 이렇게 대답했다. "내가 무엇을 생각하는가는 중요하지 않습니다. (우리가 물어야 할) 단 한 가지 물음은 하나님의 말씀이 무엇을 말하는가 입니다. 그리고 하나님은 자신의 말씀에서 분명히 '볼지어다 구름을 타고 오시리라 각인의 눈이 그를 보겠고' 라고 말씀합니다."

물론, 이 진술은 현재의 많은 이론들이 가르치는 것과 잘 맞지 않는다. 그러나 그것은 하나님의 말씀이 분명하게 가르치는 것이다. 만일 다른 구절들에 적용한다면 완전한 혼란으로 이끌 수 있는 하나님의 말씀을 조작하는 경우를 제외하곤, 그것은 저버릴 수 없다. 만일 성경이 무언가 명확하고 확실하게 가르치는 것이 있다면, 그것은 감람산에서 제자들이 보는 가운데 눈에 보이게 그리고 몸으로 하늘로 올리우신 주 예수님이 우리의 육안으로 보이게 그리고 몸으로 다시 오신다는 것을 가르치는 것이다. 우리는 단지 우리 가까운 곳에서 그분의 영적 임재를 느끼는 것이 아니라, 예수님의 두 발이 이 땅을 떠나가기 바로 전에 그분이 감람산에서 제자들과 함께 서서 말씀을 나누실 때 그들이 그분을 보았던 것처럼 우리도 정말로 그리고 확실하게 그분을 볼 것이다.

삼 단계로

친히 그리고 눈에 보이게 오실 우리 주님의 이 오심에는 세 가지 다른 단계들이 있다. 그분의 오심의 첫 번째 단계는 그분이 공중에 오시는 것이다. 신자들은 거기로 그분을 영접하기 위해 들림을 받을 것이다. 이 단계는 내가 이미 인용했던 한 구절에서 묘사되지만, 그러나 반복할 필요가 있다.

> 주께서 호령과 천사장의 소리와 하나님의 나팔 소리로 친히 하늘로부터 강림하시리니 그리스도 안에서 죽은 자들이 먼저 일어나고 그 후에 우리 살아 남은 자들도 그들과 함께 구름 속으로 끌어 올려 공중에서 주를 영접하게 하시리니 그리하여 우리가 항상 주와 함께 있으리라.(살전 4:16-17)

두 번째 단계는 그분이 땅으로 임하시는 것이다. 이 단계는 다음의 성경 구절에서 묘사된다.

> 인자가 자기 영광으로 모든 천사와 함께 올 때에 자기 영광의 보좌에 앉으리니 모든 민족을 그 앞에 모으고 각각 구분하기를 목자가 양과 염소를 구분하는 것같이 하여.(마 25:31-32)

> 그 날에 그의 발이 예루살렘 앞 곧 동쪽 감람 산에 서실 것이요 감람 산은 그 한 가운데가 동서로 갈라져 매우 큰 골짜기가

되어서 산 절반은 북으로, 절반은 남으로 옮기고 그 산 골짜기는 아셀까지 이를지라 너희가 그 산 골짜기로 도망하되 유다 왕 웃시야 때에 지진을 피하여 도망하던 것 같이 하리라 나의 하나님 여호와께서 임하실 것이요 모든 거룩한 자들이 주와 함께 하리라.(슥 14:4-5)

후자의 마지막 말씀을 근거로 판단할 때, 이 두 번째 단계에서 그분의 성도들은 그분과 함께 강림할 것임이 분명하다. 이것은 또한 데살로니가전서 3장 13절에 근거하여 볼 때 분명하다. "너희 마음을 굳건하게 하시고 우리 주 예수께서 그의 모든 성도와 함께 강림하실 때에 하나님 우리 아버지 앞에서 거룩함에 흠이 없게 하시기를 원하노라." 그리고 데살로니가전서 4장 14절에 근거하여 볼 때도 분명하다. "우리가 예수께서 죽으셨다가 다시 살아나심을 믿을진대 이와 같이 예수 안에서 자는 자들도 하나님이 그와 함께 데리고 오시리라." 우리 주님은 자신의 백성을 위해 공중에 오시며, 자신의 백성과 함께 땅으로 오신다.

우리가 아는 범위안에서, 우리 주님의 오심의 첫 번째 단계와 두 번째 단계 사이에는 상당한 간격이 생길지도 모른다. 예수님이 땅에 있는 자신의 성도들을 위해 공중에 오시는 것과 그분이 자신의 성도들과 함께 땅으로 오시는 것 사이에 대환난(the Great Tribulation)이 일어난다고 성경의 두 구절이 암시하는 것으로 여겨진다. 그 첫 번째 구절은 우리 주님 자신이 말씀하신 것이다.

> 이러므로 너희는 장차 올 이 모든 일을 능히 피하고 인자 앞에 서도록 항상 기도하며 깨어 있으라.(눅 21:36)

그 두 번째 구절은 바울이 쓴 것이다.

> 불법의 비밀이 이미 활동하였으나 지금은 그것을 막는 자가 있어 그 중에서 옮겨질 때까지 하리라 그 때에 불법한 자가 나타나리니 주 예수께서 그 입의 기운으로 그를 죽이시고 강림하여 나타나심으로 폐하시리라.(살후 2:7-8)

그러나 이 두 가지 나타남은 두 번의 오심을 구성하는 것이 아니라 한 번의 오심 속에 두 단계를 구성한다는 것을 기억하라. 예수님의 재림에서 이 두 단계 사이의 차이를 마음에 새겨 두는 것은 이 주제에 관한 다른 성경 본문들 사이에 존재하는 다수의 표면상의 차이를 해결하는 데 도움이 될 것이다.

세 번째 단계는 땅으로의 예수님의 강림에 잇따르는 연속적인 사건들이다. 나는 4장과 5장에서 이것들을 상세히 다룰 것이다.

공개적으로 그리고 공공연히

우리 주 예수님은 공공연히 다시 오실 것이다. 우리 주님 자신이 이 사실을 대단히 강조하셨고, 은밀하게 오신다고 선포할 모든 거짓 선지자들과 교사들을 조심하라고 제자들에게 경고하셨다.

> 그 때에 사람이 너희에게 말하되 보라 그리스도가 여기 있다 혹은 저기 있다 하여도 믿지 말라 거짓 그리스도들과 거짓 선지자들이 일어나 큰 표적과 기사를 보여 할 수만 있으면 택하신 자들도 미혹하리라 보라 내가 너희에게 미리 말하였노라 그러면 사람들이 너희에게 말하되 보라 그리스도가 광야에 있다 하여도 나가지 말고 보라 골방에 있다 하여도 믿지 말라 번개가 동편에서 나서 서편까지 번쩍임 같이 인자의 임함도 그러하리라.(마 24:23-27)

요즈음 우리는 예수님이 이러저러한 사람의 형태, 또는 어떤 새로운 신앙의 형태로 다시 오셨다는 말을 듣곤 한다. 어떤 거짓 가르침은 주 예수 그리스도의 재림은 이미 일어났다고 단언한다. 또 어떤 잘못된 집단은 메리 베이커 에디(Mary Baker Eddy)의 크리스천 사이언스(Christian Science)의 교리의 계시가 그리스도의 재림이었다고 주장한다. 또 한 그룹의 잘못된 신봉자들은 우리 주님을 찾아 이란의 중심부로 갔다. 이 "내적 사실"(inner chamber) 그리스도들과 "어둠침침한 구석"(obscure corner) 그리스도들은 오래 전에 예언되었고 믿을 수 없는 것으로 간주된 가짜들이다.

만일 그리스도인들이 이 주제에 관한 하나님의 말씀을 공부할 때 좀더 분별력이 있고 면밀했더라면, 그들은 그렇게 쉽사리 이런 거짓 가르침들의 희생자들이 되지 않았을 것이다. 우리 주님은 우리에게 조심하도록 주의를 주셨다. 우리는 데살로니가전서 4장 16절에서 자신의 성도들을 위한 우리 주님의 오심은 대단히 공공연하게 이루어질 것임을 알게 된다. "주께서 호령과 천사장의 소리와 하나님의 나팔 소리로 친히 하늘로부터 강림하시리니 그리스도 안에서 죽은 자들이 먼저 일어나고." 신자들의 은밀한 환호에 대한 가르침은 성경의 지지를 받지 못한다.

구름을 타고

우리 주님이 다시 오실 때, 그분은 하늘의 구름을 타고 능력과 영광으로 오실 것이다. 이에 대해 주님은 다음과 같이 말씀하셨다.

> 그 때에 인자의 징조가 하늘에서 보이겠고 그 때에 땅의 모든 족속들이 통곡하며 그들이 인자가 구름을 타고 능력과 큰 영광으로 오는 것을 보리라.(마 24:30)

우리 주님은 자신이 구름을 타고 오실 것이라고 말씀하셨을 때 무엇을 의미했는가? 무엇보다도, 그것은 그분의 오심의 방식에 대한 문자 그대로의 묘사이다. 그러나 그것은 그 이상을 의미하는 것으로, 그분은 신(a divine person)으로 신적 영광(divine glory) 중에 오실 거라는 사실을 설명한다. 구약 전체에 걸쳐, 여호와는 구름 가운데서 임하시는 분이셨다. 출애굽기에서 우리는 다음과 같은 말씀을 읽게 된다.

> 여호와께서 모세에게 이르시되 내가 빽빽한 구름 가운데서 네게 임함은 내가 너와 말하는 것을 백성들이 듣게 하며 또한 너를 영영히 믿게 하려함이니라 모세가 백성의 말을 여호와께 아뢰었으므로.(출 19:9)

다른 한편으로, 우리는 출애굽기 34장 5절에서 다음과 같은 말씀을 읽게 된다. "여호와께서 구름 가운데에 강림하사 그와 함께 거기 서서 여호와의 이름을 선포하실새."
시인은 이렇게 노래한다.

> 여호와께서 다스리시나니 땅은 즐거워하며 허다한 섬은 기뻐할지어다 구름과 흑암이 그를 둘렀고 의와 공평이 그의 보좌의 기초로다.(시 97:1-2)

신약으로 눈을 돌리면, 우리는 다음과 같은 말씀을 읽게 된다.

말할 때에 홀연히 빛난 구름이 그들을 덮으며 구름 속에서 소리가 나서 이르시되 이는 내 사랑하는 아들이요 내 기뻐하는 자니 너희는 그의 말을 들으라 하시는지라.(마 17:5)

시편 104편 3절에 이런 말씀이 있다. "물에 자기 누각의 들보를 얹으시며 구름으로 자기 수레를 삼으시고 바람 날개로 다니시며." 그리고 이사야 19장 1절에는 이런 말씀이 있다. "보라 여호와께서 빠른 구름을 타고…임하시리니."

이 모든 구절들을 근거로 판단할 때, 구름을 타거나 구름으로 오시는 분은 여호와라는 것이 분명하다. 그러므로 예수님이 구름을 타고 오실 거라고 말하는 것은 하나님의 영광 중에 신으로 오실 거라고 말하는 것이다.

아버지의 영광 중에 그리고 천사들과 함께

우리 주 예수님이 다시 오실 때, 그분은 거룩한 천사들과 함께 아버지의 영광 중에 오실 것이다. 예수님 자신이 그렇게 말씀하셨다. 예수님은 마태복음 16장 27절에서 이렇게 말씀하셨다. "인자가 아버지의 영광으로 그 천사들과 함께 오리니 그 때에 각 사람이 행한 대로 갚으리라." 그리고 마가복음에서는 이렇게 말씀하셨다.

> 누구든지 이 음란하고 죄 많은 세대에서 나와 내 말을 부끄러워하면 인자도 아버지의 영광으로 거룩한 천사들과 함께 올 때에 그 사람을 부끄러워하리라.(막 8:38)

사도 바울은 비슷한 어조로 데살로니가후서 1장 7-8절에서 이렇게 썼다. "주 예수께서 자기의 능력의 천사들과 함께 하늘로부터 불꽃 가운데에 나타나실" 것이다.

예수님이 처음 오실 때는 강보에 쌓여 구유에 놓인 아기로 오셨다. 그분은 사람들에게 멸시를 받고 거부당했다. 그들은 그분을 상대로 자신들이 원하는 것을 했다. 신적 영광은 육체의 베일 아래에 숨겨져 있었다. 그러나 예수님이 다시 오실 때, 그분의 신적 영광과 능력은 모든 사람들의 눈에 드러나게 될 것이다. 예수님은 "하나님의 본체"(빌 2:6)로 하늘에서 자신의 선재하는 신분으로 모든 천사의 세계(angelic world)에 분명하게 드러나셨듯이, 우리에게도 그렇게 드러나실 것이다. 예수님은 여전히 인자(the Son of Man)이실 한에서, 그분은 하나님의 본체를 입고서 외관상 분명한 하나님의 영광으로 온통 덮일 것이다.

홀연히 그리고 예기치 않은 때에

우리 주 예수님은 홀연히 그리고 고지하지 않고 오실 것이다. 그분은 예기치 않은 때에 그리고 예고 없이 오실 것이다. 예수님은 요한계시록 16장 15절에서 이렇게 말씀하셨다. "보라 내가 도적 같이 오리니 누구든지 깨어 자기 옷을 지켜 벌거벗고 다니지 아니하며 자기의 부끄러움을 보이지 아니하는 자가 복이 있도다." 어떤 이들은 이 구절이 죽을 때 신자에게 오시는 예수님의 오심과 관계가 있다고 믿는다. 그러나 그 문맥과 그리고 그와 유사한 구절들은 이것이 사실이 아님을 분명하게 보여준다.

성령은 사도 바울을 통해 데살로니가에 있는 신자들에게 이렇게 말씀하셨다.

> 주의 날이 밤에 도둑 같이 이를 줄을 너희 자신이 자세히 알기 때문이라 그들이 평안하다, 안전하다 할 그 때에 임신한 여자에게 해산의 고통이 이름과 같이 멸망이 갑자기 그들에게 이르리니 결코 피하지 못하리라.(살전 5:2-3)

주님이 다시 오실 때, 그분은 기대했던 세계가 아닌, 기대하지 않는 세계를 발견할 것이다. 우리가 다음 구절에서 보듯이, 세상은 자신의 일상의 일들에 몰두해 있을 것이다.

> 노아의 때와 같이 인자의 임함도 그러하리라 홍수 전에 노아가 방주에 들어가던 날까지 사람들이 먹고 마시고 장가들고 시집가고 있으면서 홍수가 나서 그들을 다 멸하기까지 깨닫지 못하

였으니 인자의 임함도 이와 같으리라.(마 24:37-39)

남자들과 여자들은 흰옷을 입고 언덕 꼭대기에 모여 자신들의 주님의 강림을 기다리지 않을 것이다. 모든 것은 그냥 평상시와 같이 진행될 것이다. 그 때, 어떠한 고지도 없이, 어떠한 사전의 예고도 없이, 예기치 않은 때에 그리고 갑자기 하나님의 나팔이 울릴 것이다. "주께서 호령과 천사장의 소리와 하나님의 나팔 소리로 친히 하늘로부터 강림하시리니 그리스도 안에서 죽은 자들이 먼저 일어나고"(살전 4:16).

아주 많은 사람들이 우리 주님의 재림과 연관되어 있는 사건들에 대한 하나의 완전하고 매우 확실한 표(chart)를 만들기 위해 하는 시도는, 이 분명하게 계시된 그분의 오심에 관한 사실을 못보고 놓칠 것이다. 우리는 그분이 오실 것을 확신하지만, 그러나 그의 오심에 관해 모든 세목을 확신할 수는 없다. 도둑은 사전에 자신이 온다는 말을 결코 전하지 않는 것처럼, 우리 주님은 사전에 아무런 고지 없이 오실 것이다. 우리가 할 일은 항상 준비하고 있는 것이다. 왜냐하면 "생각하지 않은 때에 인자가" 오실 것이기 때문이다(마 24:44). 우리는 예기치 않은 때에 그 날이 덫과 같이 우리에게 임하지 않도록 언제나 주의해야 한다. 우리 주님은 다음과 같이 진정으로 우리에게 간청하신다.

너희는 스스로 조심하라 그렇지 않으면 방탕함과 술취함과 생활의 염려로 마음이 둔하여지고 뜻밖에 그 날이 덫과 같이 너희에게 임하리라 이 날은 온 지구상에 거하는 모든 사람에게 임하리라 이러므로 너희는 장차 올 이 모든 일을 능히 피하고 인자 앞에 서도록 항상 기도하며 깨어 있으라.(눅 21:34-36)

네번째 이야기

기쁨과 슬픔의 날

□ 네번째 이야기 □
기쁨과 슬픔의 날

> 그러므로 너희가 회개하고 돌이켜 너희 죄 없이 함을 받으라
> 이같이 하면 새롭게 되는 날이 주 앞으로부터 이를 것이요
> 또 주께서 너희를 위하여 예정하신 그리스도
> 곧 예수를 보내시리니 하나님이 영원 전부터
> 거룩한 선지자들의 입을 통하여 말씀하신 바
> 만물을 회복하실 때까지는 하늘이 마땅히
> 그를 받아 두리라.(행 3:19-21)

 이제 우리는 이 전체 주제의 가장 밝고 가장 기쁜 부분인 이 땅에 다시 오실 우리 주님의 재림의 결과들에 이른다. 이 결과들은 그분의 말씀에 계시되어 있다. 그것들은 아주 멋져서 그것들을 묵상하는 것만으로도 신자의 심장이 희망과 갈망뿐만 아니라 기쁨과 황홀경으로 채워질 것이다.
 이 결과들은 다양하지만, 다음과 같이 일곱 가지 제목 하에서

분류가 가능하다: (1) 하나님에 대한 결과들, (2) 교회와 각각의 그리스도인들에 대한 결과들, (3) 이스라엘에 대한 결과들, (4) 민족들에 대한 결과들, (5) 인간 사회 전체에 대한 결과들, (6) 적그리스도와 악마(the Devil)에 대한 결과들, 그리고 (7) 물질계에 대한 결과들.

나는 이 장에서 첫 번째 세 개의 범주를 논할 것이며, 나머지 네 개의 범주는 다음 장에서 다룰 것이다.

하나님에 대한 결과들

우리 주님의 재림은 결국 하나님께 새로운 영광이 될 것이다. 우리는 이사야 40장 5절에서 다음과 같은 말씀을 읽게 된다. "여호와의 영광이 나타나고 모든 육체가 그것을 함께 보리라." 문맥상, 예언이 성취되는 것은 주님이 오실 때라는 것이 분명하다(3, 9, 그리고 10절을 보라).

하나님의 영광은 이미 피조물 속에 나타났다(시 19:1). 그것은 역사 속에서 세기마다 나타나고 있고, 예수 그리스도의 초림 때에 그의 인격과 사역에서 나타났다. 그러나 하나님의 영광은 그리스도의 재림과 관련하여 온전하게 나타날 것이다. 그것이 우리가 그리스도의 재림을 갈망해야 하는 첫 번째 이유이다. 그러므로 우리가 사랑하고 예배하는 그분의 이름에 새로운 영광이 주어질 것이다.

우리 주님이 다시 오실 때, 그분은 친히 왕으로서 통치하실 것이다. 우리는 구약에서 뿐만 아니라 신약에서도 이것에 대해 반복적으로 듣게 된다. 열 므나의 비유에서, 우리 주님은 자신을 "왕위를 받아 가지고 오려고 먼 나라로" 가는 "어떤 귀인"에 비유했다(눅 19:12). 15절에서 예수님은 "귀인이 왕위를 받아 가지고 돌아와서"라고 말씀하셨다. 다른 한편으로, 예수님은 마태복음 25장 31절에서 이렇게 말씀하셨다. "인자가 자기 영광으로 모든 천사와 함께 올 때에 자기 영광의 보좌에 앉으리니."

우리는 왕으로서 통치하시는 우리 주 예수님에 대한 이런 설명을 구약에서도 반복적으로 발견한다. 예를 들면, 우리는 예레미야에서 다음과 같은 말씀을 보게 된다.

> 여호와의 말씀이니라 보라 때가 이르리니 내가 다윗에게 한 의로운 가지를 일으킬 것이라 그가 왕이 되어 지혜롭게 다스리며 세상에서 정의와 공의를 행할 것이며 그의 날에 유다는 구원을 받겠고 이스라엘은 평안히 살 것이며 그의 이름은 여호와 우리의 공의라 일컬음을 받으리라.(렘 23:5-6)

같은 맥락에서, 여호와 하나님은 시편 2편 6절에서 "내가 나의 왕을 내 거룩한 산 시온에 세웠다"라고 말씀하신다. 하나님의 성령은 예언자 스가랴를 통해 같은 진리를 우리 주님의 신성(deity)을 강조하는 방식으로 다음과 같이 말씀하신다. "여호와께서 천하의 왕이 되시리니 그 날에는 여호와께서 홀로 한 분이

실 것이요 그의 이름이 홀로 하나이실 것이라" (슥 14:9).

성경의 마지막 책인 요한계시록은 몇 번이고 그리스도의 이 통치로 되돌아간다. 예를 들면, 우리는 다음의 말씀을 보게 된다.

> 또 내가 하늘이 열린 것을 보니 보라 백마와 그것을 탄 자가 있으니 그 이름은 충신과 진실이라 그가 공의로 심판하며 싸우더라 그 눈은 불꽃 같고 그 머리에는 많은 관들이 있고 또 이름 쓴 것 하나가 있으니 자기밖에 아는 자가 없고 또 그가 피 뿌린 옷을 입었는데 그 이름은 하나님의 말씀이라 칭하더라 하늘에 있는 군대들이 희고 깨끗한 세마포 옷을 입고 백마를 타고 그를 따르더라 그의 입에서 예리한 검이 나오니 그것으로 만국을 치겠고 친히 그들을 철장으로 다스리며 또 친히 하나님 곧 전능하신 이의 맹렬한 진노의 포도주 틀을 밟겠고 그 옷과 그 다리에 이름을 쓴 것이 있으니 만왕의 왕이요 만주의 주라 하였더라.(계 19:11-16)

그리고 다시금 그것은 요한계시록에 기록되어 있다.

> 또 내가 보좌들을 보니 거기에 앉은 자들이 있어 심판하는 권세를 받았더라 또 내가 보니 예수를 증언함과 하나님의 말씀 때문에 목 베임을 당한 자들의 영혼들과 또 짐승과 그의 우상에게 경배하지 아니하고 그들의 이마와 손에 그의 표를 받지 아니한 자들이 살아서 그리스도와 더불어 천년 동안 왕 노릇하니.(계 20:4)

그렇다. 전에 "멸시를 받아 사람들에게 버림을 받았"(사 53:3)던 우리 주 예수님이 왕으로서 인정을 받고 이 땅에서 통치하실 때가 올 것이라는 사실이 하나님의 말씀에 분명하게 나타나 있다. 천사가 나팔을 불매 하늘에서 다음과 같은 큰 음성들이 날 때가 빠르게 다가오고 있다. "일곱째 천사가 나팔을 불매 하늘에 큰 음성들이 나서 가로되 세상 나라가 우리 주와 그의 그리스도의 나라가 되어 그가 세세토록 왕 노릇 하시리로다"(계 11:15). 이 장의 후반부와 다음 장에서 우리는 우리 주님의 이 축복된 통치의 특징들과 결과들을 고찰할 것이다.

교회와 각각의 신자들에 대한 결과들

다음에서 우리는 우리 주님의 재림이 교회와 각각의 신자들에게 미칠 영향들을 검토할 것이다.

1) 그리스도 안에서 죽은 자들이 일어난다
신자들에게 적용되는 우리 주님의 재림의 첫 번째 결과는 그분이 하늘에 강림하실 때 즉시 그리스도 안에서 죽은 자들이 일어날 거라는 것이다.

> 우리가 주의 말씀으로 너희에게 이것을 말하노니 주께서 강림하실 때까지 우리 살아 남아 있는 자도 자는 자보다 결코 앞서

지 못하리라 주께서 호령과 천사장의 소리와 하나님의 나팔 소리로 친히 하늘로부터 강림하시리니 그리스도 안에서 죽은 자들이 먼저 일어나고.(살전 4:15-16)

우리 주님이 오실 때까지, 그 위대한 사건 전에 죽어 이 세상을 떠난 신자들의 몸들은 "땅의 티끌 가운데서" 잔다(단 12:2). 그들의 영들(spirits)은 벗게 되어(고후 5:4), "몸을 떠나"서 "주와 함께 있"게 된다(고후 5:8). 그러나 하나님의 나팔 소리와 우리 주님이 강림하시는 즉시, 땅의 티끌 가운데서 잠자는 이 몸들은 일어날 것이다. 신자들의 영들은 더 이상 벗게 되지 않고, "하늘로부터 오는 우리 처소로 덧입"게 될 것이다(고후 5:2).

2) 살아 있는 신자들의 몸들이 변화된다

그리스도 안에 있는 죽은 자들의 부활을 즉각 따라서, 살아 있는 신자들의 몸들이 그들의 현재의 굴욕(humiliation)의 상태에서 그분의 영광스런 몸과 같이 변화될 것이다. 우리가 지금 가지고 있는 몸은 장차 우리가 갖게 될 몸이 아니다. 우리가 앞서 보았듯이,

> 우리의 시민권은 하늘에 있는지라 거기로부터 구원하는 자 곧 주 예수 그리스도를 기다리노니 그는 만물을 자기에게 복종하게 하실 수 있는 자의 역사로 우리의 낮은 몸을 자기 영광의 몸의 형체와 같이 변하게 하시리라.(빌 3:20-21)

우리가 외관상 하나님의 자녀들로서 온전하게 나타나게 되는 것은 그 때, 오직 그 때이다.

우리의 현재의 몸들은 많은 목적을 위해 있는 것과 같이, 우리는 그것들의 한계들을 느끼지 않을 수 없으며, 자주 "속으로 탄식하여 양자 될 것 곧 우리 몸의 속량을 기다"린다(롬 8:23). 우리 몸의 구속은 그분이 오실 때 이루어진다. 그 때 구속의 사역이 완성될 것이다. 우리는 각자 주님의 영광스러운 몸과 같은 몸을 갖게 될 것이다. 그 몸은 썩지 않을 것이며 죽지 않을 것이며 영광스럽게 될 것이며 강하게 될 것이다(고전 15:42-43). 곧 고함과 약함의 우리 날들은 영원히 끝나게 될 것이다. 우리의 몸들은 우리의 영들이 목적으로 삼는 모든 것을 성취할 수 있을 것이다. 그것들은 땅의 모든 한계들로부터 자유롭게 될 것이며, 하늘 나라(the heavenly world)에 걸 맞는 모든 영광과 능력으로 온통 뒤덮일 것이다. 한 마디로 말해서, 그것들은 하늘의 몸이 될 것이다(고전 15:47-49). 게다가 우리는 더 이상 죽음의 지배를 받지 않고 천사들과 같이 될 것이다(눅 20:35-36).

우리의 바로 그 몸들은 해처럼 발광하고 빛나고 눈부시고 밝을 것이다. 이것은 상상과 시적 감흥이 아니라 계시된 사실이다. 우리 주님은 마태복음 13장 43절에서 이렇게 말씀하셨다. "그 때에 의인들은 자기 아버지 나라에서 해와 같이 빛나리라." 이것은 우리 주님이 그 장에서 말씀하시고 있던 그 비유(씨와 가라지의 비유)의 비유 언어(figurative language)의 일부가 아니라, 그 비유 해석의 문자 그대로의 언어의 일부이다. 마찬가지로 그것은 그리스도가 오시기 오래 전에 여호와 하나님이 다니엘에게 계시하신 것이다. "지혜 있는 자는 궁창의 빛과 같이 빛날 것이요 많은 사람을 옳은 데로 돌아오게 한 자는 별과 같이 영원토록 빛나리라"(단 12:3). 예수님이 변화산에서 제자들 앞에서 영광 중에 변화되고 있을 때, 그분의 얼굴은 해 같이 빛났고 옷은 "빛과 같이 희어"졌다(마 17:2). 우리의 몸도 그분의 몸 같이 될 것이다.

이 부활의 몸은 우리의 양자됨의 완성, 즉 (하나님의) 아들들로서의 우리의 자리 매김의 완성이 될 것이다. 우리가 우리의 부활의 몸을 통해 하나님의 아들들이 된다는 것은 외관상 분명할 것이다. 그리스도는 인간의 몸을 입고 오시기 전에 "하나님의 본체(form)"(빌 2:6), 즉 하나님의 가시적인 모습이셨으며, 우리가 그분의 재림 시에 우리의 부활의 몸을 받을 때 우리도 이 형체(form)가 될 것이다.

3) 공중에서의 영접

그리스도 안에서 죽은 자들이 일어나고 살아 있는 신자들의 몸이 변화된 다음, 그들은 모두 (구름 속으로) 끌어올려 공중에서 주님을 영접하게 될 것이며, 그러므로 항상 "주와 함께" 있을 것이다(살전 4:17). 어쨌든 간에 예수 그리스도가 다시 오시는 것은 특히 우리를 그 자신에게로 영접하기 위해서이다. 예수님은 제자들을 떠나시기 전날 밤에 그들에게 이것을 말씀하셨다. "가서 너희를 위하여 거처를 예비하면 내가 다시 와서 너희를 내게로 영접하여 나 있는 곳에 너희도 있게 하리라"(요 14:3).

우리 주 예수님이 이 땅에 다시 오시는 것은 첫째로 자기 사람들에 대한 사랑 때문이다. 그분은 우리를 너무도 사랑하셔서 우리와 떨어져 있기를 원치 않으신다. 그분은 우리를 위해 단지 사자를 보내지 않으실 것이다. 그분 자신이 친히 오실 것이다. "내가 다시 오리라"는 말씀은 가슴 떨리게 하는 그분의 말씀이다. 그리고 그분이 오시는 것은 우리를 그 자신에게로 영접하기 위해서, 즉 단지 우리를 하늘로 영접하는 것이 아니라 그 자신에게로 영접하기 위해서이다.

주님의 말씀은 우리에 대한 자신의 강한 열망을 나타낸다. 그분은 우리를 자신에게로 모으시고 우리를 끌어안으시기를 참으로 간절히 바라신다! 비록 하늘이라도 우리가 없다면 그 자체는 그분께 외로운 곳이다. 그분이 없는 땅은 분명 우리에게 외로운 곳이다.

주님의 말씀에 대한 한 주석가의 논평은 인용할 만한 가치가 있다. 신자와 그에 대한 그리스도의 태도에 대해 이야기하면서, 그는 다음과 같이 말했다. "말하자면, 주님은 그를 데려가시는 동안 그를 자신의 심장에 밀착시켜 끌어안으신다. 이 마지막 말씀 '내게로'에 무한한 유연함이 있다. 그분이 모든 이별의 마지막이 될 이 순간을 기뻐하고 기대하는 것처럼 보이는 것은 바로 그 자신을 위해서이다."

4) 주님과 같이 된다

우리 주 예수님이 재림하실 때 그리고 그 때 우리가 그분을 그분의 계신 그대로 보는 결과로, 우리도 그분과 같이 될 것이다. (예수께서) 사랑하시던 제자 요한은 성경 전체에서 가장 놀라운 약속들 중 하나를 말했다.

> 사랑하는 자들아 우리가 지금은 하나님의 자녀라 장래에 어떻게 될지는 아직 나타나지 아니하였으나 그가 나타나시면 우리가 그와 같을 줄을 아는 것은 그의 참모습 그대로 볼 것이기 때문이니.(요일 3:2)

그날에 우리는 우리 주님을 완전하게 볼 때 그분의 완전한 형상으로 변화될 것이다. 심지어는 이 세상에서도, 우리가 "그와 같은 형상으로 변화하여 영광에서 영광으로 이르"(고후 3:18)는 것은 주님의 영광을 보는 것을 통해서다. 즉 그분을 새롭게 볼 때마다 우리는 그분의 영광에 대해 더 많은 것을 알게 된다. 그러나 우리가 지금은 거울로 보는 것 같이 희미하다(고전 13:12). 따라서 우리가 그분의 영광을 비추는 것은 불완전하다. 그 때에 우리는 그분의 뚜렷한 영광 가운데 그분을 얼굴과 얼굴을 대하여 볼 것이며, 그분의 영광을 완전하게 비출 것이다. 우리가 영적으로 뿐만 아니라 몸도 변화를 받아 그분의 완전한 모습으로 변화하게 될 때, 우리 주님은 "그의 성도들에게서 영광을 받으시"게 될 것이다(살후 1:10). 우리를 통해 영광을 받으실 뿐만 아니라 우리 안에서 영광을 받으시게 될 것이다. 그날 그분의 영광은 우리의 존재에 온전히 드러날 것이다. 주님은 자신의 모든 영광의 충만으로 나타나실 뿐만 아니라, 우리도 "그와 함께 영광 중에 나타"날 것이다(골 3:4).

나는 종종 죄에 깊이 빠졌던 사람, 즉 그 성격이 그가 보낸 부정한 인생으로 인해 너무나 손상되어 구원의 과정이 낙담시키는 많은 타락에 의해 방해를 받은 사람을 향상시키기 위해 노력했다. 나는 종종 그의 구속을 위한 싸움을 포기하고 싶은 유혹을 느꼈다. 그러나 나는 요한일서 3장 2절을 생각하면서 새로운 용기를 얻게 되었다. 나는 나 자신에게 이렇게 말했다. "비록 내가 도우려고 하는 이 사람이 거의 주님처럼 여겨지지 않아서 그를 돕기 위해 더 많은 것을 하는 것이 시간 낭비인 것처럼 여겨질지라도, 언젠가 우리 주님이 오시고 그가 주님을 그분의 계신 그대로 한번 볼 때, 이 사람도 주님의 완전한 형상으로 변화되어 정확히 주님과 같이 될 것이다."

게다가 내가 때때로 나 자신의 실패로 인해 낙담을 하고 참으로 나의 주님과 같지 않다는 생각에 압도당할 때, 그것이 항상 그렇지는 않을 것이라는 기쁜 생각이 나를 가슴 설레게 했다.

언젠가, 즉 주님 자신이 큰 소리와 천사장의 음성과 그리고 하나님의 나팔 소리와 함께 강림하실 그 기쁜 날, 내가 끌어 올려 그분을 영접할 그 기쁜 날, 그리고 내가 주님을 그분의 계신 그대로 볼 그 기쁜 날, 나 역시 정확히 그분과 같이 되어 무한히 완전한 그분의 성격을 입을 것이다. 그 때 나는 "그리스도의 장성한 분량이 충만한 데까지" (엡 4:13) 이르게 될 것이다.

5) 그리스도와 혼인하여

그래서 훨씬 더 놀라운 결과가 따를 것이다. 즉 우리 주 예수님이 교회와 혼인하여 하나가 될 것이며, 어린양의 혼인 잔치가 열릴 것이다. 요한은 다음과 같이 말했다.

> 또 내가 들으니 허다한 무리의 음성과도 같고 많은 물 소리와도 같고 큰 우렛소리와도 같은 소리로 이르되 할렐루야 주 우리 하나님 곧 전능하신 이가 통치하시도다 우리가 즐거워하고 크게 기뻐하며 그에게 영광을 돌리세 어린 양의 혼인 기약이 이르렀고 그의 아내가 자신을 준비하였으므로 그에게 빛나고 깨끗한 세마포 옷을 입도록 허락하셨으니 이 세마포 옷은 성도들의 옳은 행실이로다 하더라 천사가 내게 말하기를 기록하라 어린 양의 혼인 잔치에 청함을 입은 자들이 복이 있도다.(계 19:6-9)

이 말씀은 대단히 현저해서 요한에게 그것을 말했던 천사가

"이것은 하나님의 참되신 말씀이라"(9절)는 말을 추가할 필요를 느꼈다는 것은 놀랄만한 것이 못된다. 우리가 지금 이 구절 속에 담긴 의미의 깊이를 모두 알아낸다는 것은 불가능하며, 이것은 추론을 삼가해야 하는 구절이다. 그러나 이것만은 계시되었다. 즉 그리스도와 그분의 교회 사이의 관계에서 그리고 거기에서만, 혼인의 온전한 의미가 확실하게 이해되었다는 것이다(엡 5:31-32). 그리스도와 그분의 교회 사이의 이 친밀한 관계는 그분이 다시 오실 때 충분히 경험될 것이다.

6) 종들은 보상을 받게 된다

우리 주님이 재림하실 때, 그분의 종들은 각각 자신들이 행한 대로 그분으로부터 보상을 받게 될 것이다. "인자가 아버지의 영광으로 그 천사들과 함께 오리니 그 때에 각 사람이 행한 대로 갚으리라"(마 16:27). 우리가 우리의 충분한 보상을 받는 것은 죽을 때가 아니라 주님이 오실 때다.

주님의 재림을 기쁘게 기대하며 기다리는 모든 사람들은 의의 면류관을 받게 될 것이다. 바울은 로마의 감옥에 앉아 처형을 기다리고 있는 동안 이 기대를 가지고 다음과 같이 썼다.

> 나는 선한 싸움을 싸우고 나의 달려갈 길을 마치고 믿음을 지켰으니 이제 후로는 나를 위하여 의의 면류관이 예비되었으므로 주 곧 의로우신 재판장이 그 날에 내게 주실 것이며 내게만

아니라 주의 나타나심을 사모하는 모든 자에게도니라.(딤후 4:7-8)

양들의 충실한 목자들은 시들지 않는 영광의 면류관을 받게 될 것이다. 사도 베드로는 이런 기대를 품고서 장로들에게 교회를 돌보라고 권면했다.

> 너희 중에 있는 하나님의 양 무리를 치되 억지로 하지 말고 하나님의 뜻을 따라 자원함으로 하며 더러운 이득을 위하여 하지 말고 기꺼이 하며 맡은 자들에게 주장하는 자세를 하지 말고 양 무리의 본이 되라 그리하면 목자장이 나타나실 때에 시들지 아니하는 영광의 관을 얻으리라.(벧전 5:2-4)

7) 성도들은 그리스도와 함께 다스린다

우리 주님이 재림하실 때, 그분의 백성들은 살아서 그분과 더불어 다스릴 것이다. 요한은 이렇게 말한다.

> 또 내가 보좌들을 보니 거기에 앉은 자들이 있어 심판하는 권세를 받았더라 또 내가 보니 예수를 증언함과 하나님의 말씀 때문에 목 베임을 당한 자들의 영혼들과 또 짐승과 그의 우상에게 경배하지 아니하고 그들의 이마와 손에 그의 표를 받지 아니한 자들이 살아서 그리스도와 더불어 천년 동안 왕 노릇하니.(계 20:4)

이 말씀은 주로 고난받는 성도들과 관계가 있는 것처럼 보이지만, 그러나 그것은 넌지시 이 현 체제에서 예수님을 믿는 모든 사람들을 포함한다. 물론 신부는 틀림없이 자신의 남편(예수 그리스도)과 함께 다스릴 것이다. 정말로 우리는 요한계시록 5장 9-10절에서 우리 주님이 각 족속과 방언과 백성과 나라 가운데서 자신이 산 사람들을 하나님 앞에서 한 나라와 제사장들로 삼아 그들로 하여금 "땅에서 왕 노릇"(10절)하게 하실 것이라는 말씀을 분명하게 듣는다.

이스라엘에 대한 결과들

다음으로 나는 우리 주님이 이스라엘에게 미칠 영향들을 논의하고자 한다. 다음에서 보게 되듯이, 이 영향들은 많다.

1) 기쁨과 슬픔
우리 주님의 재림으로 인해 하나님의 백성 이스라엘 중에 큰 기쁨이 있을 것이다. 예언자 이사야는 그 날에 대해 이야기하면서 다음과 같이 말했다.

> 그 날에 말하기를 이는 우리의 하나님이시라 우리가 그를 기다렸으니 그가 우리를 구원하시리로다 이는 여호와시라 우리가 그를 기다렸으니 우리는 그의 구원을 기뻐하며 즐거워하리라 할 것이며.(사 25:9)

이것은 좀처럼 이스라엘에 한정될 수는 없지만, 그러나 근본적으로는 그들과 관계가 있음을 그 문맥은 분명히 암시하는 것처럼 보인다. 이스라엘이 기뻐할 까닭은 우리가 그분의 재림에 대한 그 이상의 결과들을 연구함에 따라 아주 분명하게 될 것이다.

그러나 그들의 기쁨이 클 만큼, 그것은 큰 애통, 즉 자신들의 죄에 대한 애통과 특히 이전에 자신들의 왕을 거부한 것에 대한 애통과 함께 시작될 것이다. 예언자 스가랴는 우리에게 다음과 같이 말했다.

> 그 날에 여호와가 예루살렘 주민을 보호하리니 그 중에 약한 자가 그 날에는 다윗 같겠고 다윗의 족속은 하나님 같고 무리 앞에 있는 여호와의 사자 같을 것이라 예루살렘을 치러 오는 이방 나라들을 그 날에 내가 멸하기를 힘쓰리라 내가 다윗의 집과 예루살렘 주민에게 은총과 간구하는 심령을 부어 주리니 그들이 그 찌른 바 그를 바라보고 그를 위하여 애통하기를 독자를 위하여 애통하듯 하며 그를 위하여 통곡하기를 장자를 위하여 통곡하듯 하리로다 그 날에 예루살렘에 큰 애통이 있으리니 므깃도 골짜기 하다드림몬에 있던 애통과 같을 것이라 온 땅 각 족속이 따로 애통하되 다윗의 족속이 따로 하고 그들의 아내들이 따로 하며 나단의 족속이 따로 하고 그들의 아내들이 따로 하며 레위의 족속이 따로 하고 그들의 아내들이 따로 하며 시므이의 족속이 따로 하고 그들의 아내들이 따로 하며 모든 남은 족속도 각기 따로 하고 그들의 아내들이 따로 하리

라.(슥 12:8-14)

그러나 그들의 애통 뒤에, 하나의 "샘"이 "죄와 더러움을" 씻기 위하여 열릴 것이며, 여호와 하나님 자신이 나가서 이방 나라들을 치실 것이다(슥 14:1-3).

2) 위기의 날의 해방

우리 주 예수님의 재림은 결국 이스라엘 백성의 시련과 고통이 막바지에 이를 때 이스라엘의 해방으로 끝날 것이다. 게다가 우리는 스가랴에서 다음과 같은 말씀을 읽게 된다.

> 여호와의 날이 이르리라 그 날에 네 재물이 약탈되어 네 가운데에서 나누이리라 내가 이방 나라들을 모아 예루살렘과 싸우게 하리니 성읍이 함락되며 가옥이 약탈되며 부녀가 욕을 당하며 성읍 백성이 절반이나 사로잡혀 가려니와 남은 백성은 성읍에서 끊어지지 아니하리라 그 때에 여호와께서 나가사 그 이방 나라들을 치시되 이왕의 전쟁 날에 싸운 것같이 하시리라 그 날에 그의 발이 예루살렘 앞 곧 동쪽 감람 산에 서실 것이요 감람 산은 그 한 가운데가 동서로 갈라져 매우 큰 골짜기가 되어서 산 절반은 북으로, 절반은 남으로 옮기고.(슥 14:1-4)

현재의 사건들은 우리가 이 약속들이 성취될 그 날을 향해 빠르게 다가가고 있음을 알리는 것처럼 보인다.

3) 자신들의 땅으로 돌아옴

우리 주님의 재림과 관련하여, 이스라엘의 자녀들은 열방으로부터, 땅의 사방으로부터 함께 모이게 될 것이며, 다시금 그들 자신의 땅에 이르게 될 것이다. 구약의 예언서들은 여러 번 되풀이해서 이것을 약속한다. 우리는 이사야에서 다음과 같은 말씀을 읽게 된다.

> 그 날에 주께서 다시 그의 손을 펴사 그의 남은 백성을 앗수르와 애굽과 바드로스와 구스와 엘람과 시날과 하맛과 바다 섬들에서 돌아오게 하실 것이라 여호와께서 열방을 향하여 기치를 세우시고 이스라엘의 쫓긴 자들을 모으시며 땅 사방에서 유다의 흩어진 자들을 모으시리니.(사 11:11-12)

유사하게, 우리는 에스겔 36장 24절에서 다음과 같은 말씀을 읽게 된다. "내가 너희를 여러 나라 가운데에서 인도하여 내고 여러 민족 가운데에서 모아 데리고 고국 땅에 들어가서." 그리고 에스겔의 다른 구절은 다음과 같이 말한다.

> 그들에게 이르기를 주 여호와께서 이같이 말씀하시기를 내가 이스라엘 자손을 잡혀 간 여러 나라에서 인도하며 그 사방에서 모아서 그 고국 땅으로 돌아가게 하고.(겔 37:21)

그리고 스바냐의 예언에서 우리는 또한 다음과 같은 말씀을 읽게 된다.

> 그 때에 내가 너를 괴롭게 하는 자를 다 벌하고 저는 자를 구원하며 쫓겨난 자를 모으며 온 세상에서 수욕 받는 자에게 칭찬과 명성을 얻게 하리라 내가 그 때에 너희를 이끌고 그 때에 너희를 모을지라 내가 너희 목전에서 너희의 사로잡힘을 돌이킬 때에 너희로 천하 만민 가운데에서 명성과 칭찬을 얻게 하리라 여호와의 말이니라.(습 3:19-20)

이 모든 예언들은 그리스도의 재림과 관련하여 글자 그대로 성취될 것이다.

4) 에브라임과 유다가 하나가 된다

우리 주님이 재림하실 때, 아주 오랫동안 서로 나뉘어졌던 에브라임과 유다가 한 왕 다윗 하에서 하나가 되어 한 나라가 될 것이다. 이것은 에스겔에서 아주 분명하다.

> 너는 곧 이르기를 주 여호와께서 이같이 말씀하시기를 내가 에브라임의 손에 있는 바 요셉과 그 짝 이스라엘 지파들의 막대기를 가져다가 유다의 막대기에 붙여서 한 막대기가 되게 한즉 내 손에서 하나가 되리라 하였다 하고…그 땅 이스라엘 모든 산에서 그들이 한 나라를 이루어서 한 임금이 모두 다스리게 하리니 그들이 다시는 두 민족이 되지 아니하며 두 나라로 나누이지 아니할지라…내 종 다윗이 그들의 왕이 되리니 그들 모

두에게 다 한 목자가 있을 것이라 그들이 내 규례를 준수하고 내 율례를 지켜 행하며.(겔 37:19, 22, 24)

5) 안전과 구원

방금 말했던 것과 밀접하게 관련되어 있는 것으로, 우리 주님의 재림으로 말미암아 유다는 구원을 받고 이스라엘은 안전하게 거하게 될 것이라는 것이 하나님의 말씀에 계시되어 있다.

> 여호와의 말씀이니라 보라 때가 이르리니 내가 다윗에게 한 의로운 가지를 일으킬 것이라 그가 왕이 되어 지혜롭게 다스리며 세상에서 정의와 공의를 행할 것이며 그의 날에 유다는 구원을 받겠고 이스라엘은 평안히 살 것이며 그의 이름은 여호와 우리의 공의라 일컬음을 받으리라.(렘 23:5-6)

그 때에 땅 위의 모든 이스라엘 백성의 국민적 차원의 구원(national salvation)이 있을 것이다. 바울은 그것을 다음과 같이 말했다.

> 그리하여 온 이스라엘이 구원을 받으리라 기록된 바 구원자가 시온에서 오사 야곱에게서 경건하지 않은 것을 돌이키시겠고 내가 그들의 죄를 없이 할 때에 그들에게 이루어질 내 언약이 이것이라 함과 같으니라.(롬 11:26-27)

"하나님의 은사와 부르심에는 후회하심이 없느니라"(29절). 비록 이스라엘 백성이 하나님의 언약에 충실하지 않음이 증명되었을지라도, 하나님은 여전히 충실하시다. 현재에 그들은 우리를 위하여 복음의 적들이지만, 그러나 선택에 관한 한 그들은 그들의 조상들 때문에 사랑을 받으며, 그리고 때가 되면 우리 주님의 재림과 관련하여, 하나님은 그들 모두에게 긍휼을 베푸실 것이다(28-32절). 이스라엘 백성은 자신들의 모든 더러움과 모든 우상들로부터 정결하게 될 것이다. 새로운 심장이 그들에게 주어질 것이며, 새로운 영들이 그들 안에 부어질 것이다. 돌 같은 심장이 그들로부터 제하여질 것이며, 그들은 육체의 심장(hearts of flesh)을 받을 것이다. 하나님은 그들 안에 자신의 성령을 두실 것이며, 그들로 하여금 자신의 법에 따라 걷게 하실 것이다. 그리고 그들은 그분의 판결들을 지키며 그것들을 행할 것이다. 모든 면에서 이것은 신적 예언의 문제이다. 여호와 하나님은 친히 예언자 에스겔을 통해 이렇게 말씀하셨다.

> 그들이 그 우상들과 가증한 물건과 그 모든 죄악으로 더 이상 자신들을 더럽히지 아니하리라 내가 그들을 그 범죄한 모든 처소에서 구원하여 정결하게 한즉 그들은 내 백성이 되고 나는 그들의 하나님이 되리라.(겔 37:23)

하나님은 앞장인 에스겔 36장에서 이미 이렇게 말씀하셨다.

> 맑은 물을 너희에게 뿌려서 너희로 정결하게 하되 곧 너희 모든 더러운 것에서와 모든 우상 숭배에서 너희를 정결케 할 것이며 또 새 영을 너희 속에 두고 새 마음을 너희에게 주되 너희 육신에서 굳은 마음을 제거하고 부드러운 마음을 줄 것이며 또 내 영을 너희 속에 두어 너희로 내 율례를 행하게 하리니 너희가 내 규례를 지켜 행할지라…내가 너희를 모든 더러운 데에서 구원하고 곡식이 풍성하게 하여 기근이 너희에게 닥치지 아니하게 할 것이며.(겔 36:25-27, 29)

같은 기대가 예언자 예레미야를 통해 다르게 표현되었다. 우리는 다음과 같은 말씀을 읽게 된다.

> 여호와의 말씀이니라 보라 날이 이르리니 내가 이스라엘 집과 유다 집에 새 언약을 맺으리라 이 언약은 내가 그들의 조상들의 손을 잡고 애굽 땅에서 인도하여 내던 날에 맺은 것과 같지 아니할 것은 내가 그들의 남편이 되었어도 그들이 내 언약을 깨뜨렸음이라 여호와의 말씀이니라 그러나 그 날 후에 내가 이스라엘 집과 맺을 언약은 이러하니 곧 내가 나의 법을 그들의 속에 두며 그들의 마음에 기록하여 나는 그들의 하나님이 되고 그들은 내 백성이 될 것이라 여호와의 말씀이니라 그들이 다시는 각기 이웃과 형제를 가리켜 이르기를 너는 여호와를 알라 하지 아니하리니 이는 작은 자로부터 큰 자까지 다 나를 알기 때문이라 내가 그들의 악행을 사하고 다시는 그 죄를 기억하지 아니하리라 여호와의 말씀이니라.(렘 31:31-34)

6) 전성기

우리 주 예수님의 재림과 그 재림에서 생기는 사건들 때문에, 이스라엘은 놀라울 정도로 번성하게 될 것이다. 버려지고 황폐하고 폐허된 도시들이 재건될 것이며, 황폐한 땅이 에덴 동산 같이 될 것이다. 예루살렘은 "진리의 성읍"(a city of truth)이라 일컬음을 받을 것이며(슥 8:3), 평화와 번영 그리고 기쁨으로 가득 찰 것이다. 구약의 예언서들은 이스라엘에 이를 이 전성기의 예언들로 넘친다. 에스겔에서 우리는 다음과 같은 말씀을 읽게 된다.

> 주 여호와께서 이같이 말씀하셨느니라 그래도 이스라엘 족속이 이같이 자기들에게 이루어 주기를 내게 구하여야 할지라 내가 그들의 수효를 양 떼 같이 많아지게 하되 제사 드릴 양 떼 곧 예루살렘이 정한 절기의 양 무리 같이 황폐한 성읍을 사람의 떼로 채우리라 그리한즉 그들이 나를 여호와인 줄 알리라 하셨느니라.(겔 36:37-38)

그리고 예레미야 31장 27절에서 우리는 다음과 같은 말씀을 읽게 된다. "여호와의 말씀이니라 보라 내가 사람의 씨와 짐승의 씨를 이스라엘 집과 유다 집에 뿌릴 날이 이르리니." 그리고 우리는 에스겔에서 다음과 같은 말씀을 읽게 된다.

> 주 여호와께서 이같이 말씀하셨느니라 내가 너희를 모든 죄악

에서 정결하게 하는 날에 성읍들에 사람이 거주하게 하며 황폐한 것이 건축되게 할 것인즉 전에는 지나가는 자의 눈에 황폐하게 보이던 그 황폐한 땅이 장차 경작이 될지라 사람이 이르기를 이 땅이 황폐하더니 이제는 에덴 동산 같이 되었고 황량하고 적막하고 무너진 성읍들에 성벽과 주민이 있다 하리니 너희 사방에 남은 이방 사람이 나 여호와가 무너진 곳을 건축하며 황폐한 자리에 심은 줄을 알리라 나 여호와가 말하였으니 이루리라.(겔 36:33-36)

스가랴 역시 축복이 심판을 따르게 될, 도래하고 있는 그 기쁜 날들을 생생하게 묘사한다.

여호와가 이같이 말하노라 내가 시온에 돌아와 예루살렘 가운데에 거하리니 예루살렘은 진리의 성읍이라 일컫겠고 만군의 여호와의 산은 성산이라 일컫게 되리라 만군의 여호와가 말하노라 예루살렘 길거리에 늙은 남자들과 늙은 여자들이 다시 앉을 것이라 다 나이가 많으므로 저마다 손에 지팡이를 잡을 것이요 그 성읍 거리에 소년과 소녀들이 가득하여 거기에서 뛰놀리라.(슥 8:3-5)

이것은 너무나 자주 하늘에 대한 묘사로 여겨지지만, 실제로는 그렇지 않다. 그것은 이 땅에 오시는 우리 주님의 재림의 결과로서 이르게 될 기쁜 날 동안의 문자 그대로의 예루살렘에 대한 묘사이다. 그 날에 이스라엘은 모든 나라 보다 앞서서 크게 기뻐하게 될 것이다. 우리는 스가랴의 같은 장에서 다음과 같은 말씀을 읽게 된다.

> 만군의 여호와가 이와 같이 말하노라 그 날에는 말이 다른 이방 백성 열 명이 유다 사람 하나의 옷자락을 잡을 것이라 곧 잡고 말하기를 하나님이 너희와 함께 하심을 들었나니 우리가 너희와 함께 가려 하노라 하리라 하시니라.(슥 8:23)

이사야에는 이와 같은 사상이 더 충분하게 묘사되어 있다.

> 주 여호와가 이같이 이르노라 내가 뭇 나라를 향하여 나의 손을 들고 민족들을 향하여 나의 기치를 세울 것이라 그들이 네 아들들을 품에 안고 네 딸들을 어깨에 메고 올 것이며 왕들은 네 양부가 되며 왕비들은 네 유모가 될 것이며 그들이 얼굴을 땅에 대고 네게 절하고 네 발의 티끌을 핥을 것이니 네가 나를 여호와인 줄 알리라 나를 바라는 자는 수치를 당하지 아니하리라.(사 49:22-23)

이것은 몇몇 사람들이 해석하듯이 교회의 회복과 관련될 수 있는 것이 아니라 하나님의 지상의 백성인 이스라엘의 미래의 영광과 관계가 있다는 것은 이사야서의 이 장을 꼼꼼히 읽고 정확히 무엇을 말하고 있는지에 주목하는 사람들에게 아주 분명하다.

7) 세상에서 가장 위대한 선교사들

여러 나라보다 앞서서 회복되고 기상이 높아졌기 때문에, 이스라엘은 모든 나라에 여호와의 영광을 선포하는 설교자들로서 나아갈 것이다.

이사야의 예언의 마지막 장에서 여호와 하나님은 이렇게 말씀하셨다.

> 내가 그들 가운데에서 징조를 세워서 그들 가운데에서 도피한 자를 여러 나라 곧 다시스와 뿔과 활을 당기는 룻과 및 두발과 야완과 또 나의 명성을 듣지도 못하고 나의 영광을 보지도 못한 먼 섬들로 보내리니 그들이 나의 영광을 ant 나라에 전파하리라.(사 66:19)

비록 이스라엘의 대다수가 오늘날 주 예수님을 거부하고 있을지라도, 그들은 여전히 세계 역사에서 가장 위대한 선교사들이 되도록 정해져 있다. 한 사람의 유대인으로서 한때 주님을 몹시도 반대했었던 바울은 회심 후에 이방인들의 사도로서 훌륭한 일들을 행했다. 이것은 전 유대 민족이 회심하여 장차 선교사들로서 나아갈 때 (그들이) 무엇을 하게 될 지에 대한 힌트를 준다.

다섯번째 이야기

평화와 형벌

□ 다섯번째 이야기 □
평화와 형벌

> 그가 바다에서부터 바다까지와
> 강에서부터 땅 끝까지 다스리리니
> 광야에 사는 자는 그 앞에 굽히며
> 그의 원수들은 티끌을 핥을 것이며
> 다시스와 섬의 왕들이 조공을 바치며
> 스바와 시바 왕들이 예물을 드리리로다
> 모든 왕이 그의 앞에 부복하며 모든 민족이
> 다 그를 섬기리로다.(시 72:8-11)

여기서 우리는 앞장에서 중단했던 부분부터 이야기를 계속하면서, 민족들과 구원받지 못한 자들, 인간 사회, 적그리스도와 마귀, 그리고 물질계에 대한 우리 주님의 재림의 결과들을 검토할 것이다.

민족들과 구원받지 못한 자들에 대한 결과들

나는 민족들과 중생하지 못한(unregenerate) 자들에게 미칠 우리 주님의 재림의 영향들에 우리의 주의를 돌리고자 한다. 내가 민족들에 대해서 말할 때, 그들은 우리가 방금 전 앞장에서 다루었던 이스라엘 민족 외의 땅 위의 모든 사람들을 말하는 것이다.

1) 우주적 애곡

민족들에 대한 우리 주님의 재림의 첫 번째 결과는 그분으로 말미암는 우주적 애곡일 것이다. 우리는 요한계시록 1장 7절에서 다음과 같은 말씀을 읽게 된다. "볼지어다 그가 구름을 타고 오시리라 각 사람의 눈이 그를 보겠고 그를 찌른 자들도 볼 것이요 땅에 있는 모든 족속이 그로 말미암아 애곡하리니 그러하리라 아멘." 우리 주 예수님 자신이 그와 같은 사실을 분명하게 말씀하셨다. 예수님은 제자들에게 자신의 오심에 관한 사실들을 설명할 때 다음과 같이 말씀하셨다.

> 그 때에 인자의 징조가 하늘에서 보이겠고 그 때에 땅의 모든 족속들이 통곡하며 그들이 인자가 구름을 타고 능력과 큰 영광으로 오는 것을 보리라.(마 24:30)

그분의 백성에게 모든 날 중 가장 기쁜 날이 그분의 백성이 아닌 사람들에게는 모든 날 중 가장 슬픈 날이 될 것이다. 그분의 백성에게 그날은 그들의 모든 희망과 꿈들이 성취되는 날이 될 것이지만, 그분을 거부했던 사람들에게 그날은 그들의 모든 희망들과 꿈들이 물거품이 되는 날이 될 것이다.

2) 우주적 심판

모든 민족들은 심판을 받기 위해 우리 주님 앞에 모이게 될 것이다. 그분은 목자가 자신의 양과 염소들을 나누듯이, 자신의 사람들과 그렇지 않은 사람들을 나누실 것이다. 주 예수님은 이것에 관해 다음과 같이 말씀하셨다.

> 인자가 자기 영광으로 모든 천사와 함께 올 때에 자기 영광의 보좌에 앉으리니 모든 민족을 그 앞에 모으고 각각 구분하기를 목자가 양과 염소를 구분하는 것같이 하여.(마 25:31-32)

그런 다음 지구에 살고 있는 민족들에 대한 심판이 뒤따를 것이다. 그분의 오른편에 있는 양들은 영생에 들어갈 것이지만, 왼편에 있는 염소들은 영벌에 들어갈 것이다. 이것은 마태복음의 같은 장에서 분명하게 보여진다.

> 그 때에 임금이 그 오른편에 있는 자들에게 이르시되 내 아버지께 복 받을 자들이여 나아와 창세로부터 너희를 위하여 예비

된 나라를 상속받으라 내가 주릴 때에 너희가 먹을 것을 주었고 목마를 때에 마시게 하였고 나그네 되었을 때에 영접하였고 헐벗었을 때에 옷을 입혔고 병들었을 때에 돌보았고 옥에 갇혔을 때에 와서 보았느니라 이에 의인들이 대답하여 이르되 주여 우리가 어느 때에 주께서 주리신 것을 보고 음식을 대접하였으며 목마르신 것을 보고 마시게 하였나이까 어느 때에 나그네 되신 것을 보고 영접하였으며 헐벗으신 것을 보고 옷 입혔나이까 어느 때에 병드신 것이나 옥에 갇히신 것을 보고 가서 뵈었나이까 하리니 임금이 대답하여 이르시되 내가 진실로 너희에게 이르노니 너희가 여기 내 형제 중에 지극히 작은 자 하나에게 한 것이 곧 내게 한 것이니라 하시고 또 왼편에 있는 자들에게 이르시되 저주를 받은 자들아 나를 떠나 마귀와 그 사자들을 위하여 예비된 영원한 불에 들어가라 내가 주릴 때에 너희가 먹을 것을 주지 아니하였고 목마를 때에 마시게 하지 아니하였고 나그네 되었을 때에 영접하지 아니하였고 헐벗었을 때에 옷 입히지 아니하였고 병들었을 때와 옥에 갇혔을 때에 돌보지 아니하였느니라 하시니 그들도 대답하여 이르되 주여 우리가 어느 때에 주께서 주리신 것이나 목마르신 것이나 나그네 되신 것이나 헐벗으신 것이나 병드신 것이나 옥에 갇히신 것을 보고 공양하지 아니하더이까 이에 임금이 대답하여 이르시되 내가 진실로 너희에게 이르노니 이 지극히 작은 자 하나에게 하지 아니한 것이 곧 내게 하지 아니한 것이니라 하시리니 그들은 영벌에, 의인들은 영생에 들어가리라 하시니라.(마 25:34-46)

3) 광범위하게 주님께로 향한다

우리 주 예수님이 재림하실 때, 우리가 사도행전에서 보듯이 주님의 이름으로 일컬음을 받는 모든 이방인들이 주님을 찾을 것이다.

> 이 후에 내가 돌아와서 다윗의 무너진 장막을 다시 지으며 또 그 허물어진 것을 다시 지어 일으키리니 이는 그 남은 사람들과 내 이름으로 일컬음을 받는 모든 이방인들로 주를 찾게 하려 함이라 하셨으니.(행 15:16-17)

우리는 또한 스가랴에서 다음의 말씀을 보게 된다. "많은 백성과 강대한 나라들이 예루살렘으로 와서 만군의 여호와를 찾고 여호와께 은혜를 구하리라"(슥 8:22). 다시 한번 우리가 이사야에서 보듯이, 다수의 사람들이 주님께로 돌아올 것이다.

> 말일에 여호와의 전의 산이 모든 산 꼭대기에 굳게 설 것이요 모든 작은 산 위에 뛰어나리니 만방이 그리로 모여들 것이라 많은 백성이 가며 이르기를 오라 우리가 여호와의 산에 오르며 야곱의 하나님의 전에 이르자 그가 그의 길을 우리에게 가르치실 것이라 우리가 그 길로 행하리라 하리니 이는 율법이 시온에서부터 나올 것이요 여호와의 말씀이 예루살렘에서부터 나올 것임이니라.(사 2:2-3)

여기서 저절로 이런 물음이 생긴다. 만일 우리 주님이 오시자마자, 모든 민족이 그분 앞에 모여 심판을 받고 나뉘어 그들의 영원한 운명에 처해진다면, 어떻게 이런 일이 있을 수 있는가? 대답은 아주 간단하다. 성경은 그 어디에서도 그분이 오시자마자 즉각적으로 민족들을 모아 심판을 하고 나누어, 그들의 영원한 운명을 정할 것이라고 말하지 않는다는 것이다. 다른 많은 곳에서와 마찬가지로, 여기에서 우리의 어려움은 성경이 결코 주장하거나 내포하지 않는 것을, 즉 이런 일들이 모두 하루나 며칠 또는 심지어는 일년 안에 일어나도록 꽉 짜여져 있다고 우리가 가정하는데서 기인한다.

이 모든 사건들은 그분의 오심과 관계가 있고 그분의 오심에서 기인한다. 그러나 그것들이 전개되는 데는 아마도 시간이 걸릴 것이다. 예언은 결코 우리에게 주님의 오심과 관련된 모든 사건들의 세목들과 순서를 알리도록 의도되지 않았다. 사건들에 대한 모든 세목들과 정확한 순서를 알리는 것은 예언의 방법이 결코 아니다. 우리로 하여금 계속해서 주의하고 우리의 마음(hearts)을 기운 나게 하고, 우리로 하여금 우리 일에 열정을 불태우도록 하는데 필요한 대단히 중요한 사실들이 대략적인 형태로 제공되었다. 그러나 예언은 (모두) 정확하고도 모든 말이 문자 그대로 참되며, 정확하고도 문자 그대로 성취될 것이지만, 그것은 순차적 사건들에 대한 상세한 목록이 아니라는 것을 우리는 늘 명심해야 한다.

4) 경건하지 않은 자들은 벌을 받는다

우리 주 예수님의 재림의 결과로서, 그리고 그분의 재림에 잇따르는 그분의 영광스런 통치의 결과로서, 하나님을 거부하는 모든 사람들은 분쇄될 것이다. 성령은 시인을 통해 이렇게 말씀하셨다. "네가 철장으로 저희를 깨뜨림이여 질그릇 같이 부수리라"(시 2:9). 우리 주님은

> 뭇 사람을 심판하사 모든 경건하지 않은 자가 경건하지 않게 행한 모든 경건하지 않은 일과 또 경건하지 않은 죄인들이 주를 거슬러 한 모든 완악한 말로 말미암아 그들을 정죄하려 하심이라.(유 1:15)

그분은 "땅의 거민의 죄악을 벌하실 것"이다(사 26:21). 데살로니가후서는 그리스도가 주실 형벌을 묘사한다.

> 하나님을 모르는 자들과 우리 주 예수의 복음에 복종하지 않는 자들에게 형벌을 내리시리니 이런 자들은 주의 얼굴과 그의 힘의 영광을 떠나 영원한 멸망의 형벌을 받으리로다.(살후 1:8-9)

우리는 이 구절에서 "멸망"이 무엇을 의미하는지를 요한계시록 19장 20절과 20장 10절과 더불어 17장 11절에서 배울 수 있다. 우리는 요한계시록 17장 11절에서 짐승은 "멸망으로 들어가리라"라는 말씀을 듣는다. 여기에서 "멸망"(perdition)으로 번

역된 헬라어 단어는 그 외의 다른 곳에서 "멸망"(destruction)으로 번역된 단어와 같으며, 우리로 하여금 혼동을 피하도록 돕기 위해 여기서 그렇게 번역한 것도 무리가 아닐 것이다. 만일 우리가 짐승이 가는 곳을 찾아낼 수 있다면, 우리는 "멸망"(perdition) 또는 "멸망"(destruction)이 무엇을 의미하는지를 알게 될 것이다. 요한계시록 19장 20절에는 짐승이 가는 곳에 대한 매우 분명한 진술이 있다.

> 짐승이 잡히고 그 앞에서 표적을 행하던 거짓 선지자도 함께 잡혔으니 이는 짐승의 표를 받고 그의 우상에게 경배하던 자들을 표적으로 미혹하던 자라 이 둘이 산 채로 유황불 붙는 못에 던져지고.

그러나 유황불 붙는 그 못 안에 있는 짐승은 어떻게 되는가? 그는 멸망당하는가? 그는 느낄 수 있는 존재(conscious existence)를 상실하는가? 이 물음에 대한 답은 그 다음 장에 계시된다. "또 그들을 미혹하는 마귀가 불과 유황 못에 던져지니 거기는 그 짐승과 거짓 선지자도 있어"(계 20:10). 이것은 천년 후에 있다는 것과 우리는 짐승과 거짓 선지자가 여전히 거기에 있는 것을 알 수 있음을 기억하자. 그들은 거기에 있는 이후로 천년동안 소멸하지 않는다. 게다가 우리는 그 구절의 나머지 부분에서 그들은 "세세토록 밤낮 괴로움을 받으리라"라는 말씀을 듣게 된다. 이 구절에서 "괴로움을 받으리라"고 번역된 말은 결국 느낄 수 있는 고통과 관계가 있다. 그러므로 하나님 자신이 내리는 "멸망"에 대한 정의는 "느낄 수 있고 또 무시무시한 고통의 상태"이다.

5) 모든 남아 있는 자들은 예수님을 섬긴다

그러나 민족들과 관련해서도 우리 주님의 오심의 결과들이 가지는 밝은 면이 있다. 민족들과 왕들과 방백들 중에 남아 있는 자들은 예수 그리스도를 예배하고 섬길 것이라고 성경은 분명하게 가르친다. 우리는 스가랴에서 다음과 같은 말씀을 읽게 된다.

> 예루살렘을 치러 왔던 이방 나라들 중에 남은 자가 해마다 올라와서 그 왕 만군의 여호와께 경배하며 초막절을 지킬 것이라.(슥 14:16)

그리고 이사야에서는 다음과 같은 말씀을 읽게 된다.

> 이스라엘의 구속자, 이스라엘의 거룩한 이이신 여호와께서 사람에게 멸시를 당하는 자, 백성에게 미움을 받는 자, 관원들에게 종이 된 자에게 이같이 이르시되 왕들이 보고 열왕이 일어서며 고관들이 경배하리니 이는 이스라엘의 거룩하신 이 신실하신 여호와 그가 너를 택하였음이라.(사 49:7)

이사야는 이방인들의 왕들과 방백들에 대해 이야기하고 있었다. 이것은 바로 앞의 구절에서 분명하다. "내가 또 너를 이방의 빛으로 삼아 나의 구원을 베풀어서 땅 끝까지 이르게 하리라."

또한 우리는 요한계시록 15장 4절에서 다음과 같은 말씀을 읽게 된다. "주여 누가 주의 이름을 두려워하지 아니하며 영화롭게 하지 아니하오리이까 오직 주만 거룩하시니이다 주의 의로우신 일이 나타났으매 만국이 와서 주께 경배하리이다 하더라." 그리고 시편에는 우리 주님에 관한 놀라운 예언의 말씀이 있다. "내게 구하라 내가 이방 나라를 네 유업으로 주리니 네 소유가 땅 끝까지 이르리로다"(시 2:8). 뿐만 아니라 시편에는 주 예수님을 예언적으로 묘사하는 놀라운 말씀이 또 하나 있다.

> 그가 바다에서부터 바다까지와 강에서부터 땅 끝까지 다스리리니 광야에 사는 자는 그 앞에 굽히며 그 원수들은 티끌을 핥을 것이며 다시스와 섬의 왕들이 조공을 바치며 스바와 시바 왕들이 예물을 드리리로다 모든 왕이 그의 앞에 부복하며 모든 민족이 다 그를 섬기리로다.(시 72:8-11)

마찬가지로, 스가랴는 다음과 같이 말했다. "내가 에브라임의 병거와 예루살렘의 말을 끊겠고 전쟁하는 활도 끊으리니 그가 이방 사람에게 화평을 전할 것이요 그의 통치는 바다에서 바다까지 이르고 유브라데 강에서 땅 끝까지 이르리라"(슥 9:10). 이 모든 말씀을 요약하면 다음과 같다. "세상 나라가 우리 주와 그의 그리스도의 나라가 되어 그가 세세토록 왕 노릇 하시리로다"(계 11:15).

인간 사회에 대한 결과들

우리 주 예수님의 재림은 인간 사회 전체에 영향을 미칠 것이다.

1) 평화와 풍요의 때

우리 주 예수님이 재림하실 때 그리고 그 재림의 결과로서, 전쟁이 끝나고 평화와 풍요가 만연하며 의인들(the righteous)은 번영할 것이다. 이것은 예언서들에서 몇 번이고 되풀이해서 선포된다. 예를 들면, 우리는 이사야에서 다음과 같은 말씀을 읽게 된다.

> 말일에 여호와의 전의 산이 모든 산 꼭대기에 굳게 설 것이요 모든 작은 산 위에 뛰어나리니 만방이 그리로 모여들 것이라… 그가 열방 사이에 판단하시며 많은 백성을 판결하시리니 무리가 그들의 칼을 쳐서 보습을 만들고 그들의 창을 쳐서 낫을 만들 것이며 이 나라와 저 나라가 다시는 칼을 들고 서로 치지 아니하며 다시는 전쟁을 연습하지 아니하리라.(사 2:2, 4)

미가는 자신의 예언에서 도래하고 있는 이 기쁜 날들에 대해 비슷하게 묘사한다.

> 그가 많은 민족들 사이의 일을 심판하시며 먼 곳 강한 이방 사람을 판결하시리니 무리가 그 칼을 쳐서 보습을 만들고 창을 쳐서 낫을 만들 것이며 이 나라와 저 나라가 다시는 칼을 들고 서로 치지 아니하며 다시는 전쟁을 연습하지 아니하고 각 사람이 자기 포도나무 아래와 자기 무화과나무 아래에 앉을 것이라 그들을 두렵게 할 자가 없으리니 이는 만군의 여호와의 입이 이같이 말씀하셨음이라.(미 4:3-4)

그때 그리고 오직 그때만 우리는 현재 가장 탁월한 정치가들이 성취하려고 하는 것을 누리게 될 것이다. 오늘날 우리에게는 평화 회담들이 있고, 그것들은 중요한 것을 성취했다. 그러나 그것들은 우리의 탁월한 정치가들의 마음과 심장 안에 있는 모든 것을 성취하는 것이 완전히 헛된 것임을 입증할 것이다. 우리는 평화를 논하는 한편, 우리의 해군과 육군을 증강하고 있다. 우리는 우리 동료 인간들의 생명을 파괴하는 것을 모의하는데, 그리고 우리 국민을 보호하고 신장하는 것을 모의하는데 막대한 돈을 낭비하고 있다. 우리는 군비축소에 대해서 이야기하지만, 그런 날은 오지 않을 거라는 것을 우리 모두는 알고 있다. 현재의 모든 평화 계획들은 결국 역사상 가장 무시무시한 전쟁들과 갈등들로 끝나고 말 것이다.

그럼에도 불구하고 전쟁이 끝나고, 우주적 평화가 오고, 나라와 나라 사이에 또는 계층과 계층 사이에 더 이상 갈등이 없을 좋은 날이 올 것이다. 더 이상 파업이 없을 것인데, 왜냐하면 파업이 필요하지 않을 것이기 때문이다. 민족들 사이에 전쟁이 없을 뿐만 아니라 산업 전쟁들도 끝나겠고, 평화와 풍요가 널리 퍼질 것이다. 시인이 말한 다음의 예언적 비전이 성취될 것이다. "그의 날에 의인이 흥왕하여 평강의 풍성함이 달이 다할 때까지 이르리로다"(시 72:7). 이 모든 것은 우리 주 예수님이 재림하실 때 그리고 그 재림의 결과로서 이루어질 것이다.

2) 땅은 주님을 아는 지식으로 충만하게 된다

온 땅은 주님을 아는 지식으로 충만할 것이다. 하나님은 이것 또한 자신의 예언자 이사야를 통해 분명하게 선포하셨다.

> 이새의 줄기에서 한 싹이 나며 그 뿌리에서 한 가지가 나서 결실할 것이요 그의 위에 여호와의 영 곧 지혜와 총명의 영이요 모략과 재능의 영이요 지식과 여호와를 경외하는 영이 강림하시리니 그가 여호와를 경외함으로 즐거움을 삼을 것이며 그의 눈에 보이는 대로 심판하지 아니하며 그의 귀에 들리는 대로 판단하지 아니하며 공의로 가난한 자를 심판하며 정직으로 세상의 겸손한 자를 판단할 것이며 그의 입의 막대기로 세상을 치며 그의 입술의 기운으로 악인을 죽일 것이며 공의로 그의 허리띠를 삼으며 성실로 그의 몸의 띠를 삼으리라…내 거룩한 산 모든 곳에서 해 됨도 없고 상함도 없을 것이니 이는 물이

바다를 덮음 같이 여호와를 아는 지식이 세상에 충만할 것임이 니라.(사 11:1-5, 9)

적그리스도와 마귀에 대한 결과들

다음으로, 우리는 적그리스도와 마귀에 대한 우리 주님의 재림의 결과를 검토할 것이다.

1) 적그리스도는 패배한다

우리 주 예수님의 재림의 결과로서, 적그리스도는 죽임을 당할 것이다. 성령은 사도 바울을 통해 데살로니가후서에서 이렇게 말씀하셨다.

> 누가 어떻게 하여도 너희가 미혹되지 말라 먼저 배교하는 일이 있고 저 불법의 사람 곧 멸망의 아들이 나타나기 전에는 그 날이 이르지 아니하리니 그는 대적하는 자라 신이라고 불리는 모든 것과 숭배함을 받는 것에 대항하여 그 위에 자기를 높이고 하나님의 성전에 앉아 자기를 하나님이라고 내세우느니라…불법의 비밀이 이미 활동하였으나 지금은 그것을 막는 자가 있어 그 중에서 옮겨질 때까지 하리라 그 때에 불법한 자가 나타나리니 주 예수께서 그 입의 기운으로 그를 죽이시고 강림하여 나타나심으로 폐하시리라.(살후 2:3-4, 7-8)

전 세계에 걸쳐 큰 힘과 지배권을 차지할 사탄의 개인적인 대변자인 한 강력한 왕이 이 땅에 온다는 것이 하나님의 말씀에 분명하게 계시되어 있다. 그가 지배하는 날들은 무시무시한 날들이 되겠지만, 그러나 그것은 짧을 것이며 결국 그는 패하고 말 것이다.

2) 마귀는 영원히 고통을 당한다

마귀 자신은 사슬에 결박당해 일천년 동안 무저갱에 던져질 것이며, 그런 다음 잠깐 놓임을 받았다가 불 못에 던져지고 거기에서 세세토록 밤낮 괴로움을 당하게 될 것이다.

> 또 내가 보매 천사가 무저갱의 열쇠와 큰 쇠사슬을 그의 손에 가지고 하늘로부터 내려와서 용을 잡으니 곧 옛 뱀이요 마귀요 사탄이라 잡아서 천 년 동안 결박하여 무저갱에 던져 넣어 잠그고 그 위에 인봉하여 천 년이 차도록 다시는 만국을 미혹하지 못하게 하였는데 그 후에는 반드시 잠깐 놓이리라.(계 20:1-3)

4절부터 6절은 천년 동안에 대한 간략한 설명이다. 그런 다음, 우리는 다음 네 구절에서 다음과 같은 사실을 읽게 된다.

> 천 년이 차매 사단이 그 옥에서 놓여 나와서 땅의 사방 백성 곧 곡과 마곡을 미혹하고 모아 싸움을 붙이리니 그 수가 바다의 모래 같으리라 그들이 지면에 널리 퍼져 성도들의 진과 사

랑하시는 성을 두르매 하늘에서 불이 내려와 그들을 태워버리고 또 그들을 미혹하는 마귀가 불과 유황 못에 던져지니 거기는 그 짐승과 거짓 선지자도 있어 세세토록 밤낮 괴로움을 받으리라.(계 20:7-10)

물질계에 대한 결과들

이제 우리는 물질계에 미칠 우리 주님의 재림의 영향들을 살펴볼 것이다. 우리 주님의 재림은 인간에게 뿐만 아니라 물질계에도 영향을 미칠 것이다.

1) 피조물이 해방된다

그리스도의 재림과 관련하여 그리고 그것의 결과로서, 창조 세계 자체는 지금 지배를 받고 있는 썩어짐의 종노릇에서 해방될 것이며, 하나님의 자녀들의 영광의 자유를 누리게 될 것이다. 고통을 주는 것(thorns), 아프게 하는 것(briars) 그리고 살육은 더 이상 없을 것이다. 심지어는 광야와 메마른 땅 그리고 사막조차도 백합화 같이 피어 즐거워할 것이다(사 35:1). 이것은 구약과 신약 모두에 계시되어 있다. 사도 바울은 이렇게 썼다.

> 피조물이 고대하는 바는 하나님의 아들들이 나타나는 것이니 피조물이 허무한데 굴복하는 것은 자기 뜻이 아니요 오직 굴복하게 하시는 이로 말미암음이라 그 바라는 것은 피조물도 썩어

> 짐의 종노릇 한 데서 해방되어 하나님의 자녀들의 영광의 자유
> 에 이르는 것이니라.(롬 8:19-21)

자연의 모든 곳에서 우리는 고통과 고난, 질병과 아픔을 보게 된다. 우리가 막연히 듣는 곤충들의 노래 소리 중 대부분은 기쁨의 노래라기보다는 고통의 소리이다. 그러나 사람들 사이에서뿐만 아니라 창조세계의 하부 질서 가운데에 있는 고통과 질병과 죽음이 끝나게 될 기쁜 날이 올 것이다. 자연이 이 세상의 피조물의 머리인 인간의 타락과 함께 타락한 것처럼, 자연 역시 인간이 구속될 때 함께 구속될 것이다. 이것은 그리스도의 오심과 관련하여 성취될 것이다. 예언자 이사야는 이렇게 말했다.

> 잣나무는 가시나무를 대신하여 나며 화석류는 질려를 대신하여
> 날 것이라 이것이 여호와의 기념이 되며 영영한 표징이 되어
> 끊어지지 아니하리라.(사 55:13)

이것은 시적 감흥과 비유적인 표현이 아니라, 이 땅에 일어날 문자 그대로의 사실에 대한 계시이다.
더욱이 이사야는 이렇게 말한다.

> 이리와 어린 양이 함께 먹을 것이며 사자가 소처럼 짚을 먹을
> 것이며 뱀은 흙을 양식으로 삼을 것이니 나의 성산에서는 해함
> 도 없겠고 상함도 없으리라 여호와께서 말씀하시니라.(65:25)

육식 동물은 바뀔 것이다. 이리조차도 양을 죽이지 않을 것이며, 그들 모두 함께 풀을 먹을 것이다.

게다가 이사야는 이렇게 말했다. "광야가 아름다운 밭이 되며 아름다운 밭을 숲으로 여기게 되리라"(사 32:15). 또한 우리는 다음의 말씀을 읽게 된다.

> 광야와 메마른 땅이 기뻐하며 사막이 백합화 같이 피어 즐거워하며 무성하게 피어 기쁜 노래로 즐거워하며 레바논의 영광과 갈멜과 사론의 아름다움을 얻을 것이라 그것들이 여호와의 영광 곧 우리 하나님의 아름다움을 보리로다.(사 35:1-2)

이 땅의 가장 황폐한 부분들이 오늘날 이 땅의 가장 비옥한 부분들보다 더 아름답고 기름질 것이다.

2) 새 하늘과 새 땅

앞의 묘사가 밝긴 하지만, 훨씬 더 좋은 날, 즉 새 하늘과 새 땅이 될 날이 올 것이다! 우리는 베드로후서에서 다음과 같은 말씀을 읽게 된다.

> 이 모든 것이 이렇게 풀어지리니 너희가 어떠한 사람이 되어야 마땅하냐 거룩한 행실과 경건함으로 하나님의 날이 임하기를 바라보고 간절히 사모하라 그 날에 하늘이 불에 타서 풀어지고 물질이 뜨거운 불에 녹아지려니와 우리는 그의 약속대로 의가

있는 곳인 새 하늘과 새 땅을 바라보도다.(벧후 3:11-13)

우리는 요한계시록에서 이 예언의 성취에 대한 묘사를 보게 된다.

> 또 내가 새 하늘과 새 땅을 보니 처음 하늘과 처음 땅이 없어졌고 바다도 다시 있지 않더라 또 내가 보매 거룩한 성 새 예루살렘이 하나님께로부터 하늘에서 내려오니 그 준비한 것이 신부가 남편을 위하여 단장한 것 같더라 내가 들으니 보좌에서 큰 음성이 나서 이르되 보라 하나님의 장막이 사람들과 함께 있으매 하나님이 그들과 함께 계시리니 그들은 하나님의 백성이 되고 하나님은 친히 그들과 함께 계셔서 모든 눈물을 그 눈에서 닦아주시니 다시는 사망이 없고 애통하는 것이나 곡하는 것이나 아픈 것이 다시 있지 아니하리니 처음 것들이 다 지나갔음이러라 보좌에 앉으신 이가 이르시되 보라 내가 만물을 새롭게 하노라 하시고 또 이르시되 이 말은 신실하고 참되니 기록하라 하시고.(계 21:1-5)

이 모두를 요약하면, 우리 주님의 재림의 결과로 새롭고 영광스런 우주 안에 새롭고 영광스런 사회 속의 새롭고 영광스런 몸을 입은 새롭고 영광스런 인간이 있게 될 것이다. "아멘 주 예수여 오시옵소서"(계 22:20).

여섯번째 이야기

주님은 언제 오시는가?

◻ 여섯첫번째 이야기 ◻
주님은 언제 오시는가?

> 이르시되 때와 시기는 아버지께서 자기의 권한에 두셨으니
> 너희가 알 바 아니요.(행 1:7)

> 사랑하는 자들아 주께는
> 하루가 천 년 같고 천 년이 하루 같다는
> 이 한 가지를 잊지 말라.(벧후 3:8)

우리는 여러 번 하나님의 말씀에서 인간은 우리 주님의 재림의 정확한 때를 알지 못하며 알 수도 없다고 듣는다. 우리 주님 자신이 마태복음 24장 36절에서 이렇게 공표하셨다. "그러나 그 날과 그 때는 아무도 모르나니 하늘의 천사들도, 아들도 모르고 오직 아버지만 아시느니라." 그리고 예수님은 우리가 우리 주님의 재림의 정확한 때를 알지 못하기 때문에 이렇게 말씀하셨다. "그러므로 깨어 있으라 어느 날에 너희 주가 임할는지 너희가

알지 못함이니라"(마 24:42). 마가복음 13장 32절에서, 예수 그리스도는 이렇게 말씀하셨다. "그러나 그 날과 그 때는 아무도 모르나니 하늘에 있는 천사들도, 아들도 모르고 아버지만 아시느니라."

많은 사람들이 다니엘서에서 주어진 정보를 사용하여 우리 주님의 재림의 정확한 때를 산출하려고 노력하고 있다. 그러나 그와 같은 모든 계산의 결과는 완전히 신뢰할 수 없다. 다니엘서의 진술들은 그 의도가 우리에게 그리스도의 재림의 정확한 날짜에 대한 단서를 제공하려는 것이 아니다. 그러므로 그와 같은 산출을 통해 그 날짜에 도달하려고 하는 것은 불가능한 것을 시도하는 것이다. 이 점에 관해 사람들을 명확하게 알 수 없는 상태로 그냥 두는 것은 그들을 다루시는 하나님의 목적과 방법의 일부이다. 계시된 것들은 우리에게 속한다. 그러나 그것은 "우리 하나님 여호와께 속"한 "감추어진 일들" 중 하나다(신 29:29).

다니엘의 예언들은 예수님의 시대에 존속했고, 의심할 여지 없이 예수님은 이 예언들이 가르치려고 의도했던 교훈들을 이해했다. 그러나 그분은 자신조차도 자신의 재림의 날 또는 시간을 알지 못한다고 판별적으로 공표했다. 우리가 따라야 할 모범을 보이는 한 사람으로서, 그분은 이 사건의 때를 아는 것을 접어두셨다.

우리 주님은 부활하신 다음 제자들에게, 하나님께서는 예수님이 언제 다시 오실 지 우리가 알기를 원하지 않으신다고 공표하셨다. 제자들은 예수님께 "주께서 이스라엘 나라를 회복하심이 이 때니이까"라고 물었고, 예수님은 "때와 시기는 아버지께서 자기의 권한에 두셨으니 너희가 알 바 아니요"(행 1:6-7)라고 말씀하셨다. 우리도 그 때를 하나님께서 두신 곳에, 즉 그분 자신의 권한 안에 남겨 두자. 그리스도의 재림의 날짜를 정확하게 설명하려고 시도하는 교사는 누구나 즉시 의심을 받게 되며, 애써 헛된 산출을 해가면서 시간을 낭비하는 것은 완전히 불필요하다.

사람들이 그분을 거의 기대하지 않을 때

우리는 우리 주님이 정확히 언제 재림하실 지에 대한 말씀을 듣지 못하는 반면, 우리 주님의 제자들이 그것을 생각하고 있지 않은 때조차도 그 때일 수 있다는 말씀을 듣는다. 우리 주님은 이렇게 말씀하셨다. "이러므로 너희도 준비하고 있으라 생각하지 않은 때에 인자가 오리라"(마 24:44). 우리 주님은 그분이 오실 거라는 기대가 널리 퍼져 있을 때가 아니라, 사람들이 기대하고 있지 않을 때 다시 오실 것이다. 주인의 뜻 때로 행하는 충성되고 지혜 있는 종조차도 자신이 그렇게 하고 있는 것을 그 주인이 와서 보는 것을 보고는 (주인이 올 것을 기대하고 있지 않았기 때문에) 놀라게 될 것이다.

충성되고 지혜 있는 종이 되어 주인에게 그 집 사람들을 맡아 때를 따라 양식을 나눠 줄 자가 누구냐 주인이 올 때에 그 종이 이렇게 하는 것을 보면 그 종이 복이 있으리로다.(마 24:45-46)

세상이 정신이 팔려 있을 때

우리 주님이 다시 오시는 때는 세상이 자신의 평상시의 일에 몰두해 있을 때일 것이다.

> 노아의 때에 된 것과 같이 인자의 때에도 그러하리라 노아가 방주에 들어가던 날까지 사람들이 먹고 마시고 장가 들고 시집 가더니 홍수가 나서 그들을 다 멸망시켰으며 또 롯의 때와 같으리니 사람들이 먹고 마시고 사고 팔고 심고 집을 짓더니 롯이 소돔에서 나가던 날에 하늘로부터 불과 유황이 비오듯하여 그들을 멸망시켰느니라 인자가 나타나는 날에도 이러하리라.(눅 17:26-30)

모든 것은 세상이 늘 하던 대로 진행될 것이다. 다른 장에서 이미 말했듯이, 남자들과 여자들은 하얀 예복을 입고 언덕 꼭대기에서 모여 자신들의 주님의 강림을 기다리지 않을 것이다. 반대로, 사람들은 자신들의 일상적인 일들-먹고 마시기, 결혼하고 결혼식에 가기, 물건을 매매하기, 씨를 뿌리고 집짓기-에 정신을 온통 빼앗겨 있을 것이다. 모든 것은 우리 주님이 오시는 바로 그 순간까지 계속해서 평소대로 진행될 것이다.

어떤 사람들은 이 말을 그 이상으로 확대 해석하여 그것은 노아와 롯의 시대가 특히 사악했던 것 같이, 우리 주님의 재림의 때는 특별히 사악한 때가 될 것임을 가르치는 것이라고 할 것이다. 그러나 그것은 우리 주님이 여기에서 이야기했던 말을 확대 해석하여 그것의 분명한 의도를 넘어서는 것이다. 우리 주님은 자신이 분명하게 말씀하신 것, 즉 사람들은 주님이 가까이 오셨다고 거의 생각하지 않으면서 그분이 오실 순간에 자신들의 일상적인 일들에 종사할 거라는 것을 의미했다.

주님의 날

우리 주님의 날이 이미 왔다는 생각에 소요를 일으켰던 데살로니가 교인들에게 편지를 쓰면서, 바울은 이렇게 말했다.

> 누가 어떻게 하여도 너희가 미혹되지 말라 먼저 배교하는 일이 있고 저 불법의 사람 곧 멸망의 아들이 나타나기 전에는 그 날이 이르지 아니하리니 그는 대적하는 자라 신이라고 불리는 모든 것과 숭배함을 받는 것에 대항하여 그 위에 자기를 높이고 하나님의 성전에 앉아 자기를 하나님이라고 내세우느니라.(살후 2:3-4)

바울은 여기에서 주님의 날은 불법의 사람(적그리스도)이 나타나기 전에는 오지 않을 것이라고 분명하게 진술했다. 물론, 주님의 날은 주님이 땅에 오시는 때를 의미한다. 우리가 이미 살펴보았듯이, 이것은 주님이 자신의 신부인 교회를 자신에게로 영접하기 위해 공중에 강림하신 다음에야 있게 된다. 주님이 성도들을 위해 공중에 강림하시는 것과 자신의 성도들과 함께 땅으로 강림하시는 것 사이에 일정한 시간이 지나지 않을 거라는 것을 보여주는 말씀이 성경에는 아무 것도 없다. 실은, 그와 같은 간격이 틀림없이 있을 거라는 암시들이 있다. 그리스도께서는 세상을 다루시기 위해 자신의 교회와 함께 강림하시기 전에 그들과 함께 하실 일이 많이 있다.

게다가, 우리는 같은 장에서 지금 불법의 사람의 출현을 방해하고 제지하는 힘이 있다고 가르침을 받는다.

> 너희는 지금 그로 하여금 그의 때에 나타나게 하려 하여 막는 것이 있는 것을 아나니 불법의 비밀이 이미 활동하였으나 지금은 그것을 막는 자가 있어 그 중에서 옮겨질 때까지 하리라 그 때에 불법한 자가 나타나리니 주 예수께서 그 입의 기운으로 그를 죽이시고 강림하여 나타나심으로 폐하시리라.(살후 2:6-8)

이 제지하는 힘이 교회와 관계가 있다고 생각하는 것은 매우 자연스러우며, 또한 교회는 불법한 자가 땅에 나타나기 전에 땅에서 옮겨져야 한다는 필연적인 암시가 있는 것처럼 보인다.

위험한 배교의 때

마지막 날과 우리 주님의 재림의 때는 배교(apostasy)의 때가 될 것이다. 우리는 디모데전서에서 다음과 같은 말씀을 읽게 된다. "그러나 성령이 밝히 말씀하시기를 후일에 어떤 사람들이 믿음에서 떠나 미혹하는 영과 귀신의 가르침을 따르리라 하셨으니"(4:1). 바울에게 있어서 "귀신의 가르침"이란 말은 분명 귀신 신앙(demonism)이라고 부르는 것이 더 적절한, 우리가 죽은 자들과 소통할 수 있다는 믿음인 심령술(spiritualism)의 가르침과 같이 악령들이 자신들의 통제하에 있는 남자들과 여자들을 통하여 퍼뜨릴 가르침을 의미했다. 오늘날 밀교(the occults)를 믿는 믿음이 놀랄만하게 성장하는 것은 이 예언의 말씀의 성취인 것처럼 보인다. 곳곳마다 사람들이 "성도에게 단번에 주신 믿음"(유 1:3)에서 벗어나서 모든 종류의 악한 영들에게 주의하는 것처럼 보인다.

게다가 우리는 바울이 마지막 날들은 "고통하는 때"일 거라고 말하는 것을 듣는다. 그는 이렇게 말한다.

> 너는 이것을 알라 말세에 고통하는 때가 이르러 사람들이 자기를 사랑하며 돈을 사랑하며 자랑하며 교만하며 훼방하며 부모를 거역하며 감사하지 아니하며 거룩하지 아니하며 무정하며 원통함을 풀지 아니하며 모함하며 절제하지 못하며 사나우며 선한 것을 좋아하지 아니하며 배신하며 조급하며 자만하며 쾌

락을 사랑하기를 하나님 사랑하는 것보다 더하며 경건의 모양은 있으나 경건의 능력은 부인하니 이같은 자들에게서 네가 돌아서라.(딤후 3:1-5)

이 말씀은 우리 시대를 아주 정확하게 묘사해주고 있다. 만일 우리가 마지막 날들에 대한 바울의 묘사에서 각 세목을 상세히 검토해보면, 우리는 우리 시대에 그것들이 놀랄 만하게 성취되었다는 것을 깨닫게 될 것이다. 이것은 자연히 많은 사람들로 하여금 주님의 오심이 매우 가깝다고 생각하도록 이끈다. 그러나 성경학자들과 하나님의 성실한 사람들이 과거에 종종 주님의 오심이 매우 가깝다고 생각했다는 것을 우리는 언제나 명심해야 한다. 예를 들면, 마틴 루터(Martin Luther)는 몇 세기 전에 이것을 생각했다. 과거의 이런 사람들은 잘못되지 않았다. 우리 주님의 재림은 매우 가까웠다. (오히려 실제로) 잘못된 사람들은 주님의 재림이 너무 멀다고 생각하여 그것에 전혀 영향을 받지 않고 살았던 사람들이다.

현재 우리는 조만간 일어날지도 모를 그분의 오심을 나타내는 다음과 같은 표징들을 본다. 매우 많은 우리 시대의 죄악들, 성실하게 보였던 신앙을 고백한 많은 그리스도인들이 저지르는 파멸적인 죄(error)와 불신의 배교, 복음주의 설교자라고 공언했던 많은 사람들의 배교, 진리를 전파하고 죄를 낳지 않도록 하기 위해 정통적인 남자들과 여자들이 큰 희생을 치르면서 기초를 놓고 세웠던 신학교들에서 가르치는 많은 신학 교수들의 배교, 한편으로는 큰 단체들이 저지르고 다른 한편으로는 억압받는 가난한 사람들이 저지르는 불법의 증가, 머지않아 일어날 것처럼 보이는 폭풍 같은 난폭한 무질서(anarchy)보다 먼저 일어나는 불평의 소리.

"사람들이 세상에 임할 일을 생각하고 무서워하므로 기절하리니 이는 하늘의 권능들이 흔들리겠음이라"(눅 21:26). 영국과 미국 그리고 독일의 가장 탁월한 정치가들 중 다수는 머지 않아 감히 말로 표현하기 힘든 일이 지구상의 나라들에 일어날 거라는 예감을 가지고 있다. 그러나 이와 같은 때에 우리의 마음은 약해지거나 두려워할 필요가 없다. "이런 일이 되기를 시작하거든 일어나 머리를 들라 너희 구속이 가까웠느니라"(눅 21:28). 날이 어두워질수록, 새벽은 그만큼 더 가깝다. 그리고 사태가 견딜 수 없을 것처럼 보이는 바로 그 때에, 지구 역사상 가장 밝고 가장 기쁜 날이 밝아올 것이다.

언제든지

우리 주님의 재림은 우리가 아는 한에서 언제든지 일어날 수 있는 사건이다. 성경은 우리에게 우리 주님의 재림을 기대하고 기다리고 준비하라고 반복적으로 권고한다. 마가복음에서 우리 주 예수님은 제자들에게 이렇게 말씀하셨다.

> 가령 사람이 집을 떠나 타국으로 갈 때에 그 종들에게 권한을 주어 각각 사무를 맡기며 문지기에게 깨어 있으라 명함과 같으니 그러므로 깨어 있으라 집 주인이 언제 올는지 혹 저물 때일는지, 밤중일는지, 닭 울 때일는지, 새벽일는지 너희가 알지 못함이라 그가 홀연히 와서 너희가 자는 것을 보지 않도록 하라.(막 13:34-36)

그리고 누가복음에는 우리 주님의 다음과 같은 말씀이 기록되어 있다.

> 허리에 띠를 띠고 등불을 켜고 서 있으라 너희는 마치 그 주인이 혼인 집에서 돌아와 문을 두드리면 곧 열어 주려고 기다리는 사람과 같이 되라.(눅 12:35-36)

뿐만 아니라, 우리는 마태복음 25장 13절에서 다음과 같은 우리 주님의 말씀을 읽게 된다. "그런즉 깨어 있으라 너희는 그 날과 그 때를 알지 못하느니라." 그 앞장에는 이런 말씀이 있다. "그러므로 깨어 있으라 어느 날에 너희 주가 임할는지…이러므로 너희도 준비하고 있으라 생각하지 않은 때에 인자가 오리라"(마 24:42, 44).

만일 우리 주님이 우리를 영접하러 오시기 전에 일어나야만 하는 어떤 사건이나 일련의 사건들이 있다는 것을 우리가 알고 있다면, 우리는 우리 주님이 우리에게 이 구절들에서 주의하라고 명하시는 대로 주의할 수 없다. 나는 언젠가 우리 주님이 오시기 전에 틀림없이 대환난이 올 것이라고 믿고 있던 한 친구와 대화를 나눈 적이 있었는데, 그 때 나는 그 친구에게, 만일 우리가 그분이 그 때까지 몇 년 동안, 즉 대환난이 일어나기 전까지 올 수 없다는 것을 알고 있다면, 어떻게 우리가 우리 주님을 기대하고 기다릴 수 있는지를 물었다. 그는 "심리적인 어려움이 전혀 없다"고 대답했다. 그러나 (실제로는) 심리적인 어려움이 있다. 지성을 지닌 사람이 자신이 아는 바 몇 년 동안 일어날 수 없는 사건을 기대하는 것은 절대로 불가능하다.

정말로 우리가 아는 한에서 예수님의 오심은 언제든지 일어날 수 있는 사건이라는 것은 그분 자신의 명확한 가르침을 볼 때 분명하다. 성경에 예언된 것으로서 우리 주 예수님이 자신의 백성을 영접하러 오시기 전에 반드시 일어나야 할 어떤 사건이나 일련의 사건들은 없다. 그분이 자신의 성도들과 함께 지상으로 오시기 전에 일어나야 할 사건들이 틀림없이 있다는 것은 사실이다(살후 2:1-4). 그러나 우리가 아는 한에서, 그분은 언제든지 우리를 위해 오실 것이다. 항상 준비하고 있는 것이 중요한데, 왜냐하면 "생각하지 않은 때에 인자가" 오실 것이기 때문이다(마 24:44).

그러나 어떤 사람들은 "예수 그리스도가 오시기 전에 세상이 회심하지 않을까요?"라고 말한다. 이 물음에 답하는 가장 간단한 방법은 우리 주님이 다시 오실 때 있을 일들의 형세에 대한 성경의 묘사들을 읽는 것이다. 예를 들면, 우리는 요한계시록 1장 7절에서 다음과 같은 말씀을 읽게 된다. "볼지어다 그가 구름을 타고 오시리라 각 사람의 눈이 그를 보겠고 그를 찌른 자들도 볼 것이요 땅에 있는 모든 족속이 그로 말미암아 애곡하리니 그러하리라." 이것은 분명 회심한 세상을 묘사하지 않는다. 즉 자신들의 주님이 재림하실 때 기뻐하는 세상을 묘사하는 것이 아니라, 땅에 있는 모든 족속이 애곡하는 것을 묘사한다. 만일 그것이 가능하다면, 훨씬 더 명시적으로 우리는 마태복음에서 다음의 말씀을 읽게 된다.

> 인자가 자기 영광으로 모든 천사와 함께 올 때에 자기 영광의 보좌에 앉으리니 모든 민족을 그 앞에 모으고 각각 구분하기를 목자가 양과 염소를 구분하는 것같이 하여.(마 25:31-32)

이 구절은 분명 세상 전체가 회심한 것으로 묘사하지 않는다. 더구나 우리는 다음의 말씀을 읽는다.

> 영으로나 또는 말로나 또는 우리에게서 받았다 하는 편지로나 주의 날이 이르렀다고 해서 쉽게 마음이 흔들리거나 두려워하거나 하지 말아야 한다는 것이라 누가 어떻게 하여도 너희가 미혹되지 말라 먼저 배교하는 일이 있고 저 불법의 사람 곧 멸망의 아들이 나타나기 전에는 그 날이 이르지 아니하리니 그는 대적하는 자라 신이라고 불리는 모든 것과 숭배함을 받는 것에

> 대항하여 그 위에 자기를 높이고 하나님 성전에 앉아 자기를 하나님이라고 하느니라…그 때에 불법한 자가 나타나리니 주 예수께서 그 입의 기운으로 그를 죽이시고 강림하여 나타나심으로 폐하시리라.(살후 2:2-4, 8)

이것은 우리 주님이 재림하실 때 회심한 세상을 조금도 묘사하지 않는다.

한번은 우리 주님 자신이 이렇게 말씀하셨다. "그러나 인자가 올 때에 세상에서 믿음을 보겠느냐"(눅 18:8). 이 말씀의 분명한 함의는 우리 주님이 오실 때 온 세상이 회심하기는커녕 참된 신앙을 찾아보기가 어려울 거라는 것이다. 주님은 다시금 말씀하셨다.

> 너희는 스스로 조심하라 그렇지 않으면 방탕함과 술취함과 생활의 염려로 마음이 둔하여지고 뜻밖에 그 날이 덫과 같이 너희에게 임하리라 이 날은 온 지구상에 거하는 모든 사람에게 임하리라.(눅 21:34-35)

이것은 분명 우리 주님이 재림하실 때 이미 회심한 세상을 제시하지 않는다.

성령은 사도 바울을 통해 동일한 사실을 말씀하셨다.

> 너는 이것을 알라 말세에 고통하는 때가 이르러 사람들은 자기

를 사랑하며 돈을 사랑하며 자랑하며 교만하며 비방하며 부모를 거역하며 감사하지 아니하며 거룩하지 아니하며 무정하며 원통함을 풀지 아니하며 모함하며 절제하지 못하며 사나우며 선한 것을 좋아 아니하며 배신하며 조급하며 자만하며 쾌락을 사랑하기를 하나님 사랑하는 것보다 더하며 경건의 모양은 있으나 경건의 능력은 부인하니 이같은 자들에게서 네가 돌아서라.(딤후 3:1-5)

이 구절들은 회심한 세상을 묘사하는 것이 아니라, 우리가 오늘날 보는 것과 같은 세상을 묘사한다.

예수 그리스도가 하늘로부터 나타나실, 때 두 부류의 사람들, 즉 회심한 사람들과 회심하지 않은 사람들이 있을 것이다. 사도 바울은 이렇게 말했다.

> 너희로 환난을 받게 하는 자들에게는 환난으로 갚으시고 환난 받는 너희에게는 우리와 함께 안식으로 갚으시는 것이 하나님의 공의시니 주 예수께서 자기의 능력의 천사들과 함께 하늘로부터 불꽃 가운데 나타나실 때에 하나님을 모르는 자들과 우리 주 예수의 복음에 복종하지 않는 자들에게 형벌을 내리시리니 이런 자들은 주의 얼굴과 그의 힘의 영광을 떠나 영원한 멸망의 형벌을 받으리로다 그 날에 그가 강림하사 그의 성도들에게서 영광을 얻으시고 모든 믿는 자들에게서 놀랍게 여김을 얻으시리니 이는 (우리의 증거가 너희에게 믿어졌음이라).(살후 1:6-10)

이 구절들을 근거로 판단할 때, 우리 주님이 재림하시기 전에 세상 전체가 회심하는 것은 아니라는 것이 매우 분명하다. 어떤 이들은 이렇게 물을 것이다. "그러면 당신은 마태복음 24장 14절을 어떻게 설명하겠습니까? '이 천국 복음이 모든 민족에게 증언되기 위하여 온 세상에 전파되리니 그제야 끝이 오리라.' 이것은 주님이 오실 때 회심한 세상을 예언하고 있지 않습니까?" 그것은 분명 그렇지 않다. 이 구절은 그것이 무엇을 말하는지를 간단히 주목함으로써 설명이 가능하다.

첫째, 이 구절은 복음이 모든 민족에게 "증언되기 위하여" 전파되는 것을 말하는 것이지, 모든 민족이 회심하게 되는 것을 말하지 않는다. 복음은 분명 미국 전역에 전파되었지만, 그러나 지각이 있는 사람이라면 미국인들 모두가 회심했다고 주장하지 않을 것이다.

둘째, 어떤 의미에서 그리고 성경적인 의미에서, 복음은 이미 증언되기 위해 세상의 끝까지 전파되었다. 바울은 그 당시에도 이렇게 말할 수 있었다. "그러나 내가 말하노니 그들이 듣지 아니하였느냐 그렇지 아니하니 그 소리가 온 땅에 퍼졌고 그 말씀이 땅 끝까지 이르렀도다 하였느니라"(롬 10:18). 게다가 그는 이렇게 말할 수 있었다. "만일 너희가 믿음에 거하고 터 위에 굳게 서서 너희 들은 바 복음의 소망에서 흔들리지 아니하면 그리하리라 이 복음은 천하 만민에게 전파된 바요 나 바울은 이 복음의 일꾼이 되었노라"(골 1:23).

셋째, 마태복음 24장 14절은, 하나님 나라의 복음은 온 세상에 전파될 것이며, "그제야 끝이 오리라"고 말한다. 자기 사람들을 영접하러 오시는 예수 그리스도의 오심이 끝은 아니다. 그것은 단지 끝의 시작이다. 그러므로 그리스도는 복음이 온 세상에 전파되기 전에 오실 수 있다.

그러나 어떤 이들은 다음과 같이 묻는다. "만일 주 예수님이 언제든지 오실 수 있다면, 어떻게 우리는 데살로니가전서 2장 2-4절을 설명할 수 있습니까?" 그 구절들은 다음과 같다.

> 영으로나 또는 말로나 또는 우리에게서 받았다 하는 편지로나 주의 날이 이르렀다고 해서 쉽게 마음이 흔들리거나 두려워하거나 하지 말아야 한다는 것이라 누가 어떻게 하여도 너희가 미혹되지 말라 먼저 배교하는 일이 있고 저 불법의 사람 곧 멸망의 아들이 나타나기 전에는 그 날이 이르지 아니하리니 그는 대적하는 자라 신이라고 불리는 모든 것과 숭배함을 받는 것에 대항하여 그 위에 자기를 높이고 하나님 성전에 앉아 자기를 하나님이라고 내세우느니라.(살후 2:2-4)

이것에 대한 답은 매우 간단하다. 불법의 사람(the Man of Sin)은 그리스도의 날이 오기 전에 반드시 나타난다는 것이 사실이다. 그러나 주님의 날은 그리스도가 자신의 교회를 영접하러 오는 것이 아니라, 그것에 잇따라 오는 것이다. 그것에 얼마만큼 가까이 잇따라 오는가는 우리가 말하기 어렵다. 데살로니가 교인들은 자신들 사이에서 퍼진 그리스도의 날이 이미 왔고 자신들은 이미 심판의 한복판에 있다는 가르침으로 인해 곤란을 겪었다. 그들은 그 가르침으로 인해 크게 동요했고 당황하게 되었다. 바울은 그들에게 그것은 도저히 있을 수 없는 일이라고 설명했는데, 왜냐하면 주님의 날에 특별하게 다뤄지게 될 "불법의 사람"이 아직 나타나지 않았기 때문이다.

중요한 물음들

이 시점에서 교회는 대환난을 통과하게 되는가? 라는 물음이 제기된다. 이에 대한 답과 관련하여, 성경을 근거로 볼 때 교회는 분명 환난과 시련(troubles)을 겪게 될 것이라고 나는 말하곤 한다. 바울과 바나바는 루스드라와 이고니온에 있는 제자들에게 "우리가 하나님 나라에 들어가려면 많은 환난을 겪어야 할 것이라"(행 14:22)고 가르쳤다. 그러나 교회가 환난을 또는 아주 많은 환난을 겪을 것이라고 말하는 것은 교회가 대환난을 겪을 것이라고 말하는 것이 전혀 아니다. 대환난 때에 하나님은 그리스도를 거부하는 세상을 다루신다. 대환난은 본래 이방인들과 관계가 있는 것이 아니라 유대인들과 관계가 있다. 요한계시록 4장 1절 이후의 요한계시록 전체는 교회의 환희(rapture) 이후의 시간과 관계가 있다. 교회는 이 기간동안 보호를 받게 될 것임을 나타내는 많은 구절들이 있다. 물론, 여기에서 교회는 참된 교회, 즉 살아 있는 신앙을 통해 예수 그리스도와 연합된 모든 사람들을 의미한다. 대환난에 관한 한 구절에서, 우리 주님은 이렇게 말씀하셨다.

> 이러므로 너희는 장차 올 이 모든 일을 능히 피하고 인자 앞에 서도록 항상 기도하며 깨어 있으라 하시니라.(눅 21:36)

이 시점에서 제기되는 또 하나의 물음이 있다. 세상은 더 나아지고 있는가? 라는 물음이다. 이 물음에 총명하게 답하기 위해서 우리는 여기서 세상은 어떤 세상을 말하는가? 라고 물어야 한다. 만일 그것이 성경적 의미에서 "세상"을 뜻한다면, 그것은 물론 더 나아질 수 없다. 왜냐하면 요한일서 5장 19절은 판별적으로 "온 세상은 악한 자 안에 처한 것"이라고 가르치고 있기 때문이다. 성경적 용어로, 세상은 그리스도를 거부하는 남자들과 여자들 전체를 뜻한다. 그것은 "악한 자 안에 처"했고, 물론 그와 같은 상태에서 세상은 더 나아질 수 없다. 게다가, 악마는 그것의 신(god)이다. 사도 바울은 이렇게 말했다.

> 그 중에 이 세상의 신이 믿지 아니하는 자들의 마음을 혼미하게 하여 그리스도의 영광의 복음의 광채가 비취지 못하게 함이니 그리스도는 하나님의 형상이니라.(고후 4:4)

당연히, 세상은 필연적으로 더 나빠지고 있다.

그러나 만일 "세상"이란 말이 대개 사람들이 이 질문을 할 때 의미하듯이 현재의 이 인간 사회를 구성하는 "사람들 전체"(the entire mass of people)-그리스도인들과 비그리스도인들-을 의미한다면, 현재 두 가지의 진전-하나님의 나라의 진전과 사탄의 나라의 진전-이 나란히 진행되고 있다고 말할 수 있다. 이 두 진전은 적그리스도가 사탄의 나라의 머리(head)로 나타나고 그리스도가 하나님의 나라의 머리로 나타날 때 위기에 몰리게 될 것이다. 그 위기는 결국 그리스도와 하나님의 나라의 완전한 승리로 끝날 것이다.

그 동안에 하나님은 세상으로부터 자신의 이름을 위한 한 백성을 모으고 계신다. 야고보가 사도행전 15장 14절에서 말하듯이, 하나님은 "처음으로 이방인 중에서 자기 이름을 위할 백성을 취하시려고 그들을 권고하"셨다. 현재의 이 체제에서 은혜의 복음을 전파하는 목적은 그리스도로 하여금 온 세상을 손에 넣도록 하는 것이 아니라, 세상으로부터 그분의 이름을 위한 한 백성을 모으는 것이다. 오늘날 많은 사람들이 "그리스도를 위한 미국" 또는 "그리스도를 위한 온 세상"을 외친다. 그러나 성경을 아는 사람들은 현 체제에서 우리가 "그리스도를 위한 미국" 또는 "그리스도를 위한 온 세상"을 보지 못하리라는 것을 알고 있다. 그리스도의 복음은 실패하지 않았다. 복음은 하나님이 그것으로 하여금 성취하도록 의도했던 것인 세상으로부터 자신의 이름을 위한 한 백성, 즉 그리스도의 신부인 교회를 모으는 것을 정확히 성취하고 있다. 하나님이 세상으로부터 자신의 이름을 위해 모으고 계신 사람들은 그분을 아는 지식과 그분을 닮아가는 모습(likeness)에서 자라가고 있고, 세상은 필연적으로 그들에 의해 어느 정도까지는 영향을 받는다. 기독교의 영향력은 당대의 정치, 경제, 그리고 사회 생활에서 보여지며, 그런 의미에서 세상은 더 나아지고 있다고 말할 수 있을 것이다.

다른 한편으로, 오늘날 이 세상에서 일어나고 있는 일에 눈이 열려 있는 사람들은 모두 성경이 거기에서 예언한 것, 즉 "불법의 비밀"(살후 2:7)의 진전이 일어나고 있다는 것을 알아야 한다. 현재 다소의 막는 힘이 있지만, 그럼에도 불구하고 "불법의 비밀이 이미 활동하고"(7절) 있다는 것은 사실이다. 이 악한 활동의 결과들 중에 다음과 같은 것들이 있다. 신앙을 고백하는 교회 밖에서뿐만 아니라 안에서도 증가하고 있는 죄와 배교, 증가하고 있는 부도덕(예를 들면, 이혼, 부정(impurity), 그리고 음란한 복장 등), 그리고 특히 모든 사회 계층 가운데서 자행되는 무질서 또는 불법의 진전. 이런 의미에서 세상은 더 나빠지고 있다.

그러나 우리는 이런 사실 때문에 조금도 낙담하지 말아야 한다. 그것은 예언의 성취이다. 실로, 몰려들고 있는 가장 검은 구름들은 우리 주님이 친히 재림하여 정권을 잡으실 때 도래할 번영의 시대를 예고하는 조짐들에 지나지 않다.

일곱번째 이야기
준비가 되어 있는가?

□ 일곱번째 이야기 □
준비가 되어 있는가?

> 모든 사람에게 구원을 주시는
> 하나님의 은혜가 나타나 우리를 양육하시되
> 경건하지 않은 것과 이 세상 정욕을 다 버리고
> 신중함과 의로움과 경건함으로 이 세상에 살고
> 복스러운 소망과 우리의 크신 하나님 구주
> 예수 그리스도의 영광이 나타나심을
> 기다리게 하셨으니.(딛 2:11-13)

우리 주님의 재림과 관련하여 우리 각자에게 매우 중요하고 실제적인 물음은 이것이다. 그분의 다시 오심에 대한 나의 개인적인 태도는 어떠해야 하는가? 성경은 이 물음에 명확하게 답한다. 성경이 다루는 그리스도의 재림 교리는 매우 실제적이다.

주님의 재림을 준비하라

첫째, 우리는 우리 주님이 언제 오실 지에 관계없이 그분의 재림을 준비하고 있어야 한다. 우리는 우리 주님의 명령에 충실히 순종해야 한다. "이러므로 너희도 준비하고 있으라 생각하지 않은 때에 인자가 오리라"(마 24:44). 우리는 이 말씀에 귀를 기울여야할 뿐만 아니라, 우리가 살아가는 매 순간 그것을 명심해야 한다. 매일 아침 잠에서 깰 때, 우리는 각자 자신에게 이렇게 말해야 한다. "주님의 재림을 준비하라. 그분이 오늘 오실 지 모르기 때문이다." 매일 저녁 잠자리에 들기 전, 우리는 각자 자신에게 이렇게 물어야 한다. "만일 아침에 잠에서 깨기 전에 주님이 오신다면, 나는 주님의 재림을 맞이할 준비가 되어 있는가?" 우리 주님의 임박한 재림은 순수하고 이타적이고 헌신적이고 경건하며 적극적인 섬김의 삶을 위한 중요한 성경적 동기부여이다. 오늘날 설교 가운데 많은 설교를 보면, 죽음이 빨리 오기 때문에 사람들에게 의롭게 살고 또 부지런히 살도록 촉구한다. 그러나 이것은 결코 성경적으로 정당하지 못하다. 성경의 주장은 언제나 이것이다. "그리스도는 오신다. 그분이 오실 때를 준비하라." 이것은 필연적으로 우리로 하여금 다음의 물음을 하게 한다. 우리는 그리스도의 오심을 어떻게 준비해야 하는가?

누가복음은 그 물음에 대해 다음과 같이 대답한다.

> 너희는 스스로 조심하라 그렇지 않으면 방탕함과 술취함과 생활의 염려로 마음이 둔하여지고 뜻밖에 그 날이 덫과 같이 너희에게 임하리라 이 날은 온 지구상에 거하는 모든 사람에게 임하리라 이러므로 너희는 장차 올 이 모든 일을 능히 피하고

인자 앞에 서도록 항상 기도하며 깨어 있으라.(눅 21:34-36)

바꾸어 말하면, 우리가 주님의 재림을 위해 준비해야 하는 것은 무엇보다도 육신에 빠진 세상으로부터 자신을 멀리하고, 이 세상 일에 정신이 팔려 있는 세상으로부터 자신을 멀리하며, 매일 열심을 다해 진심으로 기도하는 것이다. 그럼에도 불구하고 술은 삼가지만 자신들의 배를 위해 살아가는 사람들이 많이 있다. 바울은 그것을 다음과 같이 간단하지만 인상적으로 묘사한다. "그들의 신은 배요"(빌 3:19). 그들은 섬기는데 필요한 힘을 얻기 위해서 먹는 것이 아니라 식욕을 만족시키기 위해서 먹는다. 그들은 심지어 해롭다고 알고 있는 것도 먹는다. 사람들 중에는 매우 검소하게 살아가지만 세상의 염려에 푹 빠져 있는 이들이 있다. 또한 기독교적 섬김에는 매우 적극적이지만 기도는 소홀히 하는 사람들이 있다. 그들은 "항상 기도하며 깨어 있"지 않는다(눅 21:36). 이들은 모두 아직 주님의 오심을 준비하지 못했다.

마태복음 25장 1-30절에 나오는 우리 주님의 재림에 관한 두 비유에서, 우리의 등에 기름을 가지고 있는 것, 즉 성령의 계속적인 공급을 받는 것과 우리 주님을 섬기는 일에 우리의 재능을 충실히 사용하는 것은 우리 주님의 재림을 준비하는데 매우 중요한 두 가지 요소라는 것을 우리는 알게 된다. 나는 이 책의 모든 독자들에게 이렇게 묻고 싶다. "당신은 성령을 받았는가? 그리고 계속해서 그분의 임재와 능력을 새롭게 공급받고 있는가?" 또한 나는 다시금 당신에게 이렇게 묻고 싶다. "당신은 우리 주 예수님이 당신에게 맡기신 모든 재능을 그분을 위해 부지런히 사용하고 있는가?" 만일 당신이 이 둘 중 어느 하나에 부족함이 있다면, 당신은 우리 주님의 재림에 대해 아직 준비가 되어 있지 않은 것이다.

요한일서 2장 28절은 이렇게 말한다. "자녀들아 이제 그의 안에 거하라 이는 주께서 나타내신 바 되면 그가 강림하실 때에 우리로 담대함을 얻어 그 앞에서 부끄럽지 않게 하려 함이라." 여기서 우리는, 예수님 안에 거하는 것은 그분이 오실 때 그분에 대해 준비하는 것임을 알게 된다. 당신은 그분 안에 거하고 있는가? 당신은 진정으로 당신의 지혜와 힘과 생명을 버렸는가? 그런 다음 당신은 정말 매일 매 시간 그분의 지혜와 힘과 생명을 얻기 위해 그분을 바라보고 있는가?

주님의 재림을 기다리기

둘째, 우리는 우리 주님의 오심을 기다려야 한다. 우리 주님은 이렇게 말씀하셨다.

> 너희는 마치 그 주인이 혼인집에서 돌아와 문을 두드리면 곧 열어 주려고 기다리는 사람과 같이 되라 주인이 와서 깨어 있

> 는 것을 보면 그 종들은 복이 있으리로다 내가 진실로 너희에
> 게 이르노니 주인이 띠를 띠고 그 종들을 자리에 앉히고 나아
> 와 수종들리라.(눅 12:36-37)

우리의 삶이 바르고 우리의 섬김이 진지한 것만으로는 충분하지 않다. 우리는 깨어 있어야 하고 주님의 오심을 기대해야 한다. 이 점에서 주님의 재림을 기다리고 있는 종들에게 특별한 축복이 선언된다. "내가 진실로 너희에게 이르노니 주인이 띠를 띠고 그 종들을 자리에 앉히고 나아와 수종들리라"(37절). 만일 주님이 오늘 오신다면, 그 축복이 당신의 것이 될 수 있을까? 그분은 당신이 기다리고 있는 것을 보실 수 있을까? 아, 우리 모두 기다리고 기대하며 매 시간 그분의 오심을 생각하면서 살아가도록 하자! 주님이 오실 경우, 당신은 결단코 당신이 하는 것을 그분이 보실 때 기뻐하지 않을 것은 어떤 것도 하지 않기를 바란다. 그분이 오실 경우, 당신은 결단코 당신이 했기를 바랄 일을 하지 않은 채로 남겨 두지 않기를 바란다. 그분이 오실 경우, 당신은 결단코 그분이 당신을 찾았을 때 기뻐하지 않을 곳은 어느 곳이든 가지 않기를 바란다.

주님의 재림을 갈망하기

그러나 주님의 재림을 준비하고 기다리는 것만으로는 충분하

지 않다. 우리는 진정 우리 주님의 오심을 갈망해야 한다. 베드로는 다음과 같이 썼다.

> 하나님의 날이 임하기를 바라보고 간절히 사모하라 그 날에 하늘이 불에 타서 풀어지고 물질이 뜨거운 불에 녹아지려니와.(벧후 3:12)

만일 우리가 그 밖의 무엇보다도 우리 주님을 사랑한다면, 우리는 그 밖의 무엇보다도 그분의 오심을 갈망할 것이다. 사랑하는 아내는 바다 건너편에 있는 자신의 남편의 귀가를 간절히 바란다. 그가 아내에게 보낼 수 있는 어떤 선물로도 자신의 빈자리를 메우지 못하는 것과 같이, 그리스도의 참된 신부는 하늘에 계신 신랑 되신 예수님의 재림을 갈망한다. 그녀는 내주하시는 그리스도를 통하여 현재 자신에게 주어진 은혜를 누리는 한편, 신랑 되신 예수님 그 자신의 재림을 갈망한다.

나는 언젠가 널리 갈채를 받는 교사가 자신은 그리스도의 재림에 큰 관심을 가졌던 때가 있었지만, 최근에는 내주하시는 그리스도의 영광에 사로잡혀 그분의 재림 사상에 대한 관심을 잃어버렸다고 말하는 것을 들은 적이 있다. 이 말은 완전히 비성경적이다. 진정 우리 주님의 재림에 관한 진리를 아는 사람이 어떻게 그런 식으로 말할 수 있는지 나로서는 도무지 이해할 수가 없다. 내주하시는 그리스도가 주시는 현재의 특권들을 설교하는 것은 가치가 있지만, 그러나 그것 이상의 훨씬 더 좋은 것이 있다. 우리 주님이 친히 오실 것이다! 우리는 그분을 보게 될 것이다! 우리는 그분을 만나기 위해 들림을 받을 것이다! 그리고 만일 우리가 사랑하는 것이 단지 그분의 선물이 아니라 그분이라면, 내주하시는 그리스도를 통하여 우리가 알게 되는 기쁨과 승리가 우리 영혼의 가장 깊은 열망을 충족시키지 못할 것이다. 우리는 그분을 갈망할 것이며, 오직 그분 자신이 다시 오실 때만 우리가 알게 될 그분과의 그 충만한 사귐을 갈망할 것이다.

"주의 나타나심을 사모하는" 사람들을 기다리고 있는 면류관이 있다. 지금까지 이 지상에서 사도 바울보다 내주하시는 그리스도의 영광에 관하여 더 경험적으로 아는 신자가 있었는지 모르겠다. 그럼에도 불구하고 그가 쓴 마지막 말 중 하나는 이것이다.

> 이제 후로는 나를 위하여 의의 면류관이 예비되었으므로 주 곧 의로우신 재판장이 그 날에 내게 주실 것이며 내게만 아니라 주의 나타나심을 사모하는 모든 자에게도니라.(딤후 4:8)

내가 솔직하게 다음과 같이 당신에게 물어도 되겠는가? 당신은 그리스도의 재림을 갈망하고 있는가? 만일 그렇지 않다면, 당신은 당신의 삶이나 주님과의 관계의 어딘가에 잘못된 것이 있는지 확인해 보는 것이 좋을 것이다.

우리 주 예수님은 다시 오실 것이다. 이것은 귀한 말씀이다. 정말 이 말씀이 우리의 심장을 설레게 하는 것이 바람직하다! 정말 이 말씀은 우리의 심장을 설레게 한다! 예수님이 다시 오실 때 무언가 그분을 슬프게 할 것이 우리 안에 있지 않도록 정말 이 말씀이 우리로 하여금 부지런히 묻도록 하는 것이 바람직하다. 예수님이 지체하는 동안 정말 이 말씀이 우리의 심장으로 하여금 더 많이 일하고 우리의 재능을 더 충실하게 사용하고자 하는 바람으로 불타도록 하는 것이 바람직하다.

주 예수님은 오실 것이다! 무척 짧은 이 말이 세상으로 하여금 득과 실, 자만과 겸손, 즐거움과 고통, 찬양과 비난이 함께 있는 것처럼 보이게 만든다. 우리 주 예수님은 오실 것이다! 정말 이 말씀이 우리로 하여금 예수님이 오실 때 우리의 친구들이 뒤에 남겨지지 않도록 즉시 그들을 그리스도께 데려오고 싶은 마음이 들게 하는 것이 바람직하다. 우리 주 예수님은 오실 것이다! 그렇다. 그분은 오실 것이다. 어쩌면 올 해, 어쩌면 이 달, 어쩌면 내일, 어쩌면 오늘 오실 지 모른다! 당신은 준비가 되어 있는가? 마지막 말씀이자 가장 달콤한 주님의 약속의 말씀에 다시 한번 귀를 기울이기 바란다. "내가 진실로 속히 오리라"(계 22:20). 우리 모두 진정으로 이렇게 대답하기 바란다. "아멘 주 예수여 오시옵소서"(20절).